餐饮店创业的
营销八步

飞 龙 著

东华大学出版社
·上海·

图书在版编目（CIP）数据

餐饮店创业的营销八步 / 飞龙 著．－上海：东华大学出版社，2020.10
ISBN 978-7-5669-1801-7

Ⅰ．①餐… Ⅱ．①飞… Ⅲ．①饮食业－商业经营 Ⅳ．①F719.3

中国版本图书馆CIP数据核字（2020）第196396号

餐饮店创业的营销八步　　　　　　　责任编辑　高路路　曹晓虹
飞龙　著　　　　　　　　　　　　　封面设计　速溶综合研究所

出版发行　东华大学出版社（上海市延安西路1882号　邮政编码：200051）
联系电话　编辑部　021-62379902
营销中心　021-62193056　62373056
天猫旗舰店　https://dhdx.tmall.com
出版社网址　https://dhupress.dhu.edu.cn
印　　刷　当纳利（上海）信息技术有限公司

开　本　710mm×1000mm　1/16　　印　张　10.5　　字　数　195千字
版　次　2020年11月第1版　　　　印　次　2021年10月第4次印刷

书号：ISBN 978-7-5669-1801-7　　　　定价：58.00元

前　言

现在很多餐饮店花钱打广告，砸钱打水漂，来的人寥寥无几。送礼品，顾客只占便宜买得太少，并且，还总是鸡蛋里挑骨头。做活动"便宜、优惠、打折"就算成交，利润却低得可怜。

疯狂促销，结果撑死一个月，饿死几个月，最终陷入恶性循环。

卖出去的产品没利润，有利润的产品却卖不出去；继续干不挣钱，选择放弃，却已经投入了太多心血。

以前投资100万，可以开一家还不错的餐饮店。只要花点心思，6个月左右就可以回本，一年忙下来可以赚100多万。但是现在即便你投资300万，但如果不懂得营销，基本上都会血本无归。

稍微留意就能看到大街上很多店铺的名字都是换来换去的，开张了倒闭，倒闭了转让，转让了开张，再进入开张—转让—倒闭的死循环。那么，为什么会出现这种情况呢？

因为你从来就没有想过下面这些问题：你预算用多少钱去推广你的店铺？你要用什么方法去推广你的店铺？你用的推广方法能给你的店铺带来多少进店顾客？这些顾客给你带来多少营业额？这些顾客有多少会来你店铺重复消费？这些顾客有多少会帮你转介绍？这些顾客给你店铺带来多少利润？

当然，最主要的原因还是因为你不懂得营销就盲目地进入市场。很多人开店目的非常简单，从没有考虑过店面整体盈利的运营流程，完全想着靠运气赚钱。

有些是小夫妻因闲暇而开店，有些是小情侣因面子而开店，有的为了娱乐而开店，有的则是因为羡慕别人赚钱而开店，有的是感觉赚钱而开店，还有的是生活所逼而开店，也有的是不想打工而开店等等。

往往很多人都是拿着家里全部的积蓄来开店，用着父母多年辛苦挣的存款来开店，借亲戚朋友的钱来开店，用打工多年的工资来开店等等。不知不觉中，你发现你的责任越来越大，因为你开店不仅是为了证明自己的能力，还承载着一家人的好日子。

很多人觉得只要赚到钱，身边所有人就会靠近自己；只要没有钱，身边大部分人就会远离自己。所以生意不好做的时候，你压力会特别大，你不想因为店铺倒闭而导致所有的希望破灭，被身边的人远离。

虽然很多人都叫你老总、老板，但只有你自己清楚，这些都是虚名。如人饮水，冷暖自知，生意不好的时候，发现自己可能还没有刚创业的时候有钱，甚至还是负资产。

一般这个时候就会出现两难的情况：继续干，不怎么赚钱；不干，首先，面子上过不去。其次，店铺资产变卖并不值钱。左右都是亏钱，一直陷在这样的泥潭里，很难拔出来。

这个，也是现在很多餐饮店老板的现状。

所以在你准备经营一家店铺时，可以学习一下《餐饮店创业的营销八步》这本书，从一开始便设计好自己的店铺经营理念。学会了真正的营销，你在经营中才能避免陷入不断竞争的恶性循环中。

如果你学会本书的营销流程，做任何餐饮生意都会变得非常简单。因为，根据这个流程不断地去细化相关技巧就可以实现快速盈利。

如果你学会《餐饮店创业的营销八步》中的营销流程，经营好店铺赚到钱了，身边的所有人、所有资源都会向你靠拢，都会帮助你做更大的生意。因为在我们人生中，雪中送炭的人很少，锦上添花的人很多。

如果你学会《餐饮店创业的营销八步》中的营销流程，经营好店铺赚到钱了，才对得起自己当初开店的决定，才对得起自己家人全心全意的支持。

2012年，在朋友介绍下，我看完了所有《赢在中国》的视频。相信很多朋友都有听过这档栏目，它是一个大型的创业励志真人秀节目，由原央视著名主持人王利芬担任总制片人及主持人，评委包括马云、朱新礼、牛根生、吴鹰等商界名人。

我看完以后，心中对这些大佬非常敬佩，从此走上创业营销这条路，一直到现在。最开始看《赢在中国》的时候，我也明白自己不可能一下子就有这些评委的成就，但是我可以一步一步来。虽然不能一下子创立这么大的公司，但是我可以从基本的营销开始学起。

从那以后，我就不断留意网络上这些营销大师的课程，无论是书籍还是视频教程，我都仔细研读，并最终结合自身的餐饮店经验，整理出了这套行之有效的餐饮店营销方案。

2014年6月19日，我回到老家开始创业。最开始的时候是经营了一个本地的微信公众号，从0开始，利用萌宝秀的投票活动，3天时间圈粉几万。当时还没有人做投票活动，本地的宝妈都很好奇这个活动，而且设置的奖品也比较丰富，所以很快就火爆全城。

后来，有个做水果的朋友说想和我们一起做一个本地的水果垂直产业。本来没什么思路，有一天上午在新闻上看到深圳有个玛莎拉蒂送玛卡的促销活动，刚好下午有个美女朋友开着宝马来到公司，我站在门口突然就想到这样一个噱头——宝马美女送水果。

后来经过商议，最终定的是"宝马美女送榴莲"。我们用宝马美女做噱头，榴莲做爆品，短短的几个小时，就把文案写出来了。晚上8：00上线，文章刚发布就在我们本地的微信朋友圈和各大微信群快速传播。因为话题很有娱乐性，所以很容易引起话题性传播。

在活动上线当天，添加我们微信客服号的好友有几千人，从晚上8点开始一直接待、咨询、下单，到次日凌晨3点多，活动总共销售6000多个榴莲。最主要的是第二天，公司电话响个不停，10多个商家都愿意出钱让我们做广告，也想做成这样的一个效果。我们公司的品牌也迅速在这个小城市中崛起。

在短短一个月时间，我们利用这篇文章所带来的几千个粉丝，再次进行了多次活动的裂变，经过在微信朋友圈的信任度培育和让好友无法拒绝的赠品活动，我们和这些粉丝建立了非常强的信任关系。

在线下实体店开张的当天，简单的一个"会员卡充值本次消费金额的6倍，可以立即享受免单"的锁客活动，这为我们带来了几十万的会员卡充值，帮助我们快速地锁定这些顾客的终身价值。

从此,公司就开启了互联网和线下实体店结合营销的新型模式。这几年通过我们团队的策划方案引爆开业或者店铺活动现场的案例非常多。

直到后来我发现在这么多年服务过的商家中，有70%以上是餐饮行业。为了能更好地服务好这些餐饮店商家，我决定聚焦在餐饮行业一公分，在此深挖一公里。因为只有足够的聚焦，才能真正地熟悉；只有熟悉，才能更好地把事情做好。

所以才会有现在的《餐饮店创业的营销八步》这本书。我希望能够利用这本书把自己这几年关于移动互联网营销方法与餐饮店结合的运营经验系统化地分享出来，帮助更多线下餐饮店老板实现互联网＋的经营模式，以快速解决营销难题并实现利润最大化。

接下来，我要给你分享一个超级牛的营销流程。

首先，大家都必须要知道：

任何商品，都不能只做引流宣传的前端亏本计划，而是要结合实际情况做一系列后端产品的盈利计划。

任何商品

都不能只做引流宣传的前端亏本计划，
而是要结合实际情况做一系列后端产品的盈利计划。

其次，就是必须要有一个完整的营销流程，将这个流程再细化一下，就变成了《餐饮店创业的营销八步》。

下面图片中的每一个词价值都非常大，希望你能认真看，每个词至少价值10万以上。

建房子要有图纸，做生意也一样要有流程。这个图的整个流程最起码价值100万以上。

一旦悟透里面的逻辑，做任何生意都将百战百胜。

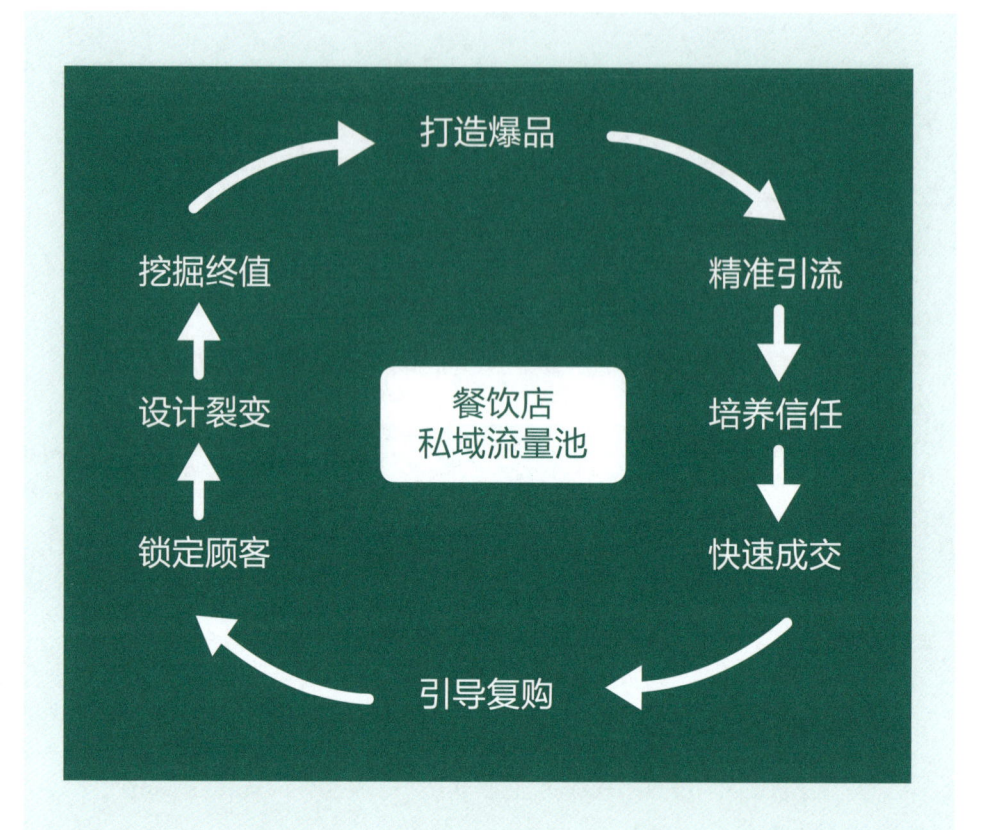

```
        打造爆品
   ↗            ↘
挖掘终值         精准引流
  ↑               ↓
设计裂变  餐饮店   培养信任
  ↑      私域流量池  ↓
锁定顾客         快速成交
   ↖            ↙
        引导复购
```

  曾经，我利用这一套模式帮助一家水果店仅仅靠一篇文章，三天内销售6000多个榴莲，快速打开本地市场，并且从线上转向线下开店，开张当天利用充值免单策略收款几十万。

  我还利用这套模式帮助一家餐饮店在3个月内从亏损转向盈利，并且是在没有任何宣传广告成本的情况下实现的盈利，从最开始的2卡店面扩张到5卡店面并且持续盈利。

曾经我利用这套模式，帮助一家餐饮店从最开始的卖产品，变成卖会员，并且和所有会员成为好朋友。其在赚钱的过程中，还得到所有会员的高度认可，而且还在持续开发这些会员的需求，收获更多的后端利润。

相关的案例还有很多，所以我认为这套课程的价值远远超过100万，因为这些都是我学习营销大师所有课程后总结出来的精髓。然后根据餐饮店的现状，互相结合整理出来的最适合餐饮店商家操作的营销八步，绝对可以让所有商家现学现用，马上使用，立即见效。

下面我们再来看一下一般餐饮行业的销售流程：顾客数量—顾客回头率—顾客转介绍。

一般行业的销售流程

顾客数量 — 顾客回头率 — 顾客转介绍

可以说，大部分行业都是这三个点组成的一个销售流程，但是仅知道这三点是完全不够的。

在营销流程中，要具备八大点：打造爆品、精准引流、培养信任、快速成交、引导复购、锁定顾客、设计裂变、挖掘终值。

打造爆品：就是包装一个让人无法抗拒的"鱼饵"，让人看了就有立即付钱的冲动。比如"XX海鲜馆现在仅需1元""全场小龙虾任吃不限量"。

精准引流：当商家打造出爆品以后，就要包装好"鱼饵"的价值，编辑好吸引人的文案，抛向相关"鱼塘"进行精准引流。最简单的就是设计一张海报和文案，利用微信朋友圈传播引流。"1元全场小龙虾任吃"活动本身就很有吸引力和话题性，所以有很多流量渠道，也很容易引流。

培养信任：利用微信朋友圈做活动最大的好处，就是可以直接引导顾客添加客服微信。个人微信号是建立私域流量池、沉淀粉丝、培养顾客信任度最好的工具。你只有借助微信朋友圈把这次"1元全场小龙虾任吃"活动的整个过程都秀出来的时候，才能让更多的顾客了解到活动的真实性，并且可以刺激顾客过来尝试消费。

快速成交：像"1元全场小龙虾任吃"这样的活动，基本上不需要再设计其他成交主张了，本身就非常吸引人。1 元钱对顾客来说是很容易支付的价格。所以当很多顾客在朋友圈了解到这个活动，添加了客服的微信，看了朋友圈以后都是立马付款的，而且还非常担心抢不到任吃名额。

引导复购：关于"付 1 元全场小龙虾任吃"活动，商家肯定是不赚钱的，但是能带来很大的流量。其实商家去任何宣传渠道打广告也要花不少钱，还不如把钱花在顾客身上，让顾客真正得到实惠。只要店铺有顾客来了，就要引导顾客进行其他消费来降低成本赚取利润，比如酒水套餐、饮料套餐、大闸蟹套餐等等。千万不要等着顾客来消费，而是要提前设计好让顾客复购的产品。

锁定顾客：只要店铺的人气上来了，有源源不断的顾客过来消费，就要想办法锁定这些顾客，比如：顾客当天消费 200 元，只要充值 1000 元开办本店会员卡，这 200 元就可以免单，而且以后可以享受 9.5 折优惠。

设计裂变：要想持续拥有源源不断的流量，那么我们就要懂得设计一些裂变机制，引导顾客做好评转介绍。比如，顾客来店铺消费，店家要告诉顾客："现在只需要拍一张店铺照片、一张你的自拍和一张 1 元小龙虾任吃的海报图片，并且配上一段文案发到朋友圈，立即可以赠送啤酒或者饮料 10 瓶，每次到店消费可以领取一瓶！"这不但能让顾客转介绍裂变，还能锁定顾客下次回头消费的机会。

顾客好评的朋友圈，能快速建立起店铺在本地的口碑。顾客的好友看到了这样的朋友圈，信任度会增高，肯定也会来体验活动。只要顾客添加了客服的微信，就等于进入了商家培养信任的机制里，后端就可以不断地进行良性循环。

挖掘终值：其实商家最大的利润来源于顾客的终身价值，只要商家能不断地提供优质、性价比高的产品给顾客，那么彼此之间的信任度就能不断提升，就可以与顾客建立起牢固的感情基础。

只有与顾客真正建立感情，才会使顾客成为你的忠实粉丝。顾客不单有吃小龙虾的需求，肯定还会有其他衣食住行购物的需求。当商家拥有庞大的顾客数据库时，完全可以引导顾客去消费其他产品变现。因为做生意不能只经营自己的商品，而更应该重点经营人。只有做到经营人，才能让你的生意越做越大。

比如，顾客有唱歌的需求，你就可以和 KTV 老板谈："我有 10000 个顾客，原价 388 元的 K 歌套餐，如果可以以优惠价 188 元提供给我的顾客，那我就在微信朋友圈帮你做 188 元的活动推广，将顾客引流到你的 KTV。"相信很多 KTV 老板都会乐意以优惠价格给你的，因为他们缺少顾客。而且顾客也会感谢你，因为你帮他们省了 200 元。而且你还可以在中间赚取一些手续费，比如让 KTV 老板将这个套餐以 168 元的价格给你，你再以 188 元的价格引流给你的顾客。

以上的营销八步才是最完整的销售流程，你的所有营销策略也都将围绕这个流程展开。这几个环节中，任何一个环节提高一倍，你的营业额也就随之提高一倍。同时，只要设计好每个环节，将为你打造一个良性循环的赚钱机器，源源不断地为你的店铺产生后端利润。

经常有朋友问我，看到旁边餐饮店做的活动很火爆，当自己做的时候却亏得一塌糊涂。那是因为你根本不知道同行做活动的盈利点在哪里。

这个就是典型的不懂得前端让利、后端盈利的例子。商家做任何的活动都应该根据该书的营销八步——打造爆品、精准引流、培养信任、快速成交、引导复购、锁定顾客、设计裂变和挖掘终值来设计和经营。商家去设置好整个流程，而不是前面简单的四个步骤，那样只会做赔本赚吆喝的活动。不火爆就没人气，越火爆就亏越多。

如果没有一个完整的营销流程，那么只能起到短时间的效果，而经营的最主要目的是能让店铺的营业额一直保持下去。

目 录

前 言

第1章 餐饮店完整营销八步成功案例 ……………… 001

- 什么才是餐饮店真正的营销流程？
- 如何打造餐饮店营销的赚钱机器？
- 如何选品才能引爆顾客疯狂地尖叫？
- 如何寻找适合做"鱼饵"的产品进行引流？
- 如何寻找适合放"鱼饵"的"鱼塘"进行合作？
- 如何设计让人无法抗拒的成交主张？
- 如何打造微信朋友圈快速和顾客建立信任？
- 如何在和顾客有一定信任度的时候进行追销？
- 如何在顾客回头消费的时候进行锁销？
- 本章总结

第 2 章 引爆客流营销八步之第一步：打造爆品 012

- 如何打造爆品才能让餐饮店快速火遍全城呢？
- 如何设计超级"鱼饵"才能让顾客无法抗拒？
- 什么是爆品思维？该如何打造爆品？
- 如何打造餐饮店菜品的核心竞争力？
- 如何打造爆品套餐快速锁定精准顾客？
- 如何用一个 99 元的龙虾单品火爆引流？
- 如何选取爆品核心价值，做到真正的口碑传播？
- 如何包装菜品能让顾客尖叫着感觉超值？
- 怎么样的文案传播出去可以迅速引爆全城？
- 本章总结

第 3 章 引爆客流营销八步之第二步：精准引流 032

- 如何寻找精准的流量渠道引导顾客到私域流量池？
- 客流量、转化率、顾客价值是如何影响餐饮店引流的？
- 如何通过挖掘、优化、倍增提升餐饮店的利润？
- 餐饮店挖掘客流量的六大基本渠道分别是什么？
- 如何通过一篇软文广告引爆本地高端水果市场？

- 如何通过免费活动引流千名会员？
- 异业联盟怎么样设计成最佳的引流方式？
- 如何用一个9.9元吃田鸡的活动火爆引流？
- 如何利用代金券疯狂吸引大量的回头客消费？
- 如何更好地倍增放大吸引精准流量和精准顾客？
- 如何更好地选择适合自己餐饮店的引流渠道？
- 本章总结

第4章 引爆客流营销八步之第三步：培养信任 ……… 051

- 如何打造高成交率的私域流量池？
- 如何打造高成交率的"鱼塘"？
- 微信朋友圈如何发更吸引人？
- 如何掌握微信朋友圈发布时间？
- 微信客服号如何打造才能让顾客百分百信任？
- 微信朋友圈如何打造才能让顾客立即付款？
- 如何搭建好自己的"鱼塘"等待精准顾客来成交？
- 如何建立高质量社群，与顾客建立更高的信任度？
- 大妈的餐饮店是如何通过微信"鱼塘"实现盈利的？
- 90后老板是如何巧妙地同顾客打好关系，轻松揽客上千的？
- 如何通过微信完成餐饮店每天厢房爆满的预定？
- 本章总结

第 5 章　引爆客流营销八步之第四步：快速成交 ········ 069

- 如何设计让顾客无法抗拒的成交主张并快速成交？
- 一切不为成交的销售都是耍流氓！
- 怎么样的成交主张能让顾客立即买单？
- 为什么说零风险承诺是一个最好的策略？
- 饭店如何设计免费活动，轻松成交并盈收百万？
- 农庄是如何利用一个简单的成交主张爆满的？
- 引爆 3000 客流上门消费的烤鱼店，用了什么成交主张？
- 怎么样设计后端盈利产品才能让前端更容易成交？
- 如何制造稀缺性和紧迫感更有助于成交？
- 一个好的成交主张是由几大元素组成的？
- 本章总结

第 6 章　引爆客流营销八步之第五步：引导复购 ········ 088

- 如何设计让顾客立即复购的火爆活动？
- 达到怎么样的信任基础才能进行更好地追销？
- 咖啡店如何利用紧急追销实现倍增的利润？
- 餐饮店如何搭配菜品能实现更好地追销？
- 如何设计追销活动能让顾客贡献更多的价值？
- 如何通过数据库快速地通知顾客有促销活动？
- 如何通过数据库进行 0 成本的追销活动赚钱？

IV

- 小小麻辣烫店如何培养顾客习惯,引起不断复购?
- 餐饮店如何通过社群营销,提高顾客回头率?
- 本章总结

第7章 引爆客流营销八步之第六步:锁定顾客 ... 103

- 如何设计让顾客立即付款的锁客活动?
- 如何利用充值卡对顾客进行锁销?
- 如何利用会员卡对顾客进行锁销?
- 如何利用积分卡对顾客进行锁销?
- 如何利用代金券对顾客进行锁销?
- 如何利用赠品次数卡对顾客进行锁销?
- 餐饮店如何运用"利他思维",锁客上千人?
- 火锅店如何利用锁客系统更好地锁定顾客,并加以维护?
- 本章总结

第8章 引爆客流营销八步之第七步:设计裂变 ... 121

- 如何设计能让顾客立即转发的裂变机制?
- 如何包装利益价值刺激顾客转介绍?

- 超乎预期的产品和体验如何让顾客产生"表现欲"？
- 烧烤店如何设计 1 元吃龙虾形成不断裂变？
- 如何设计与众不同的环境或者景色引导顾客转介绍？
- 如何设计顾客超乎寻常的身份感引导顾客转介绍？
- 如何准备相关图片物料更容易让顾客去宣传转发？
- 如何利用拓客系统做活动，从 6 千粉裂变到 1 万 5 千粉？
- 本章总结

第9章 引爆客流营销八步之第八步：挖掘终值 135

- 如何持续挖掘顾客的终身价值产生更多利润？
- 实战案例锁定顾客持续成交的秘密是什么？
- 如何通过互相导流量的方式增加整体的利润？
- 如何帮助更多跨行店铺导流赚取更高的利润？
- 如何突破场地、环境、产品等限制获得更多的跨行利润？
- 本章总结

后 记 144

第 1 章

餐饮店完整营销八步成功案例

本章内容

- 什么才是餐饮店真正的营销流程？
- 如何打造餐饮店营销的赚钱机器？
- 如何选品才能引爆顾客疯狂地尖叫？
- 如何寻找适合做"鱼饵"的产品进行引流？
- 如何寻找适合放"鱼饵"的"鱼塘"进行合作？
- 如何设计让人无法抗拒的成交主张？
- 如何打造微信朋友圈快速和顾客建立信任？
- 如何在和顾客有一定信任度的时候进行追销？
- 如何在顾客回头消费的时候进行锁销？

本章目的

在完整地解剖一个餐饮店的营销八步流程之前，要让所有学员对营销八步有一个初步的了解，这样在后面的学习中就能更快地熟悉并且灵活应用到具体工作中。相信只有更接地气的讲解和分析，才能让读者更容易地学习和吸收。

▶▶▶

几年前，身边一个开餐饮店的朋友老王找到我，和我一顿吐槽，说现在开餐饮店真不是人干的事情，每天起早贪黑，到头来钱没赚到，身体却越来越差。人前是老板，人后的委屈却只有自己才懂。

我听完以后，笑了一下，其实创业不就是这样吗？有哪个老板是轻松的？家家都有难念的经，店店都有难言的苦。

但是，所有的困难又都是可以跨越的，有时只是我们没有寻找到更好的方法而已。记得网络营销鼻祖王通老师经常说的一句话——"干得累，都不对"。

我和老王深入交流后，发现他还是在用传统的经商思维去运营他的店铺：想着只要自己的产品好，菜品的性价比高、口味好，就不用担心客流的问题。

但是，再好的产品，如果没有推广出去，也是白搭。以前的思维就是"酒香不怕巷子深"，但是现在市面上的同类产品太多了，"酒香也怕巷子深"。能不能成功取决于你能不能把产品更好地展现在顾客眼前，并且吸引顾客到店品尝消费后进行多次复购—转化—变现。

把产品更好地展现在顾客面前并不是叫你去租昂贵的商业街中心店铺，而是应该利用低成本、高曝光的微信来进行顾客维护。加到顾客的微信，建立起属于自己店铺的私域流量池，每天把自己店铺最好的一面展现在顾客朋友圈，那么你就等于成功了一半。

通过对老王店铺的进一步分析，我根据"营销八步"给他的餐饮店制订了一系列的运营方案。通过线上助力的引流方式，达到餐饮店引流的效果。很多人可能会觉得现在的助力活动效果都不怎么好，这是因为目前市面上有比较多这样的活动。但是我要告诉你的是，恰恰相反。现在的助力活动效果是所有微营销活动中最好的，且屡试不爽。

第一，打造爆品

做微营销活动成功与否最主要的是在于能否设计出让顾客无法抗拒的成交主张。所以，我教老王的第一步就是打造爆品，设计让顾客无法抗拒的成交主张。

我们首先会根据店铺现有的情况，挑选出点菜率最高的菜、客服评价最优的菜、最有名气的菜和销售定价比较高且成本又比较低的菜。最终选择搭配了一个非常吸引人的2～4人套餐，正常市面上的销售价格是188元，但成本只需要80元左右。

选好爆品后，为这套套餐拍几张较好看的照片，让人家一看就忍不住想进店去消费。这也就是刚才所说的爆品思维，产品让顾客尖叫，价格却是超值的低价。

第二，精准引流

接下来就是编写活动的规则，这个2～4人套餐在店售卖原价是188元，成本可能是80元左右。那么就可以将这个188元设置成套餐的原价，让顾客参加助力活动，助力值到10点，就可以88元获得该套餐，这样我们不仅没有亏还有赚！

这里我们再设计一个限量的回头赠品，给前100名助力值到10点的朋友赠送价值188元的会员卡，里面有余额188元，以后凭借卡在本店消费可以享受9.5折优惠，每次消费抵扣卡内余额 20 元。

第三，培养信任

顾客转介绍过来的顾客再次进入培育系统进行培养信任度。

当我们做完助力活动和二次点赞裂变的活动后，微信号积累了有 3000 多好友，这时候要每天在朋友圈更新店铺情况、菜品图片、服务质量等等。

比如：朋友圈可以发布店铺的环境，厨房卫生的环境，服务员的态度和精神面貌，菜品的制作过程，食材的新鲜度，店铺火爆的场面，微信转账截图，顾客见证视频照片，个人生活感悟等。

当时我和老王说的时候，老王听完感觉头都大，自己做个生意开个店，还要写这么多朋友圈，哪有那么好的文采，更没有什么时间去想朋友圈文案。我想很多商家应该都有这个烦恼，其实这个问题已经可以很好解决了。就是我在前面说到的"店豹"微信小程序，除了海报，它同样给商家提供了朋友圈文案素材，解决商家不会发朋友圈的难题。

所以，当我们把自己的朋友圈塑造好，增加与顾客之间的信任度后，才能为我们下一次的复购和锁客做准备。

第四，快速成交

设计让人无法抗拒的成交主张后引导二次裂变做转介绍也是非常重要的一环。刚才我们已经说了老王的店铺是用助力来做引流活动的。当顾客助力到以 88 元来店里消费的时候，我们的服务员会和顾客说："现在只要你添加我的微信，转发朋友圈第一条的文字和图片到你朋友圈，就可以立即获得一瓶饮料或者啤酒"（赠品可以根据自己的利润来赠送，有些商家直接送价值比较高的饮料套餐，因为助力还有一些利润，所以不会亏）。

这时候很多人都会转发的。一般我们会设计一张图片放在桌子上，引导添加微信，转发朋友圈第一条立即赠送一瓶王老吉。

转发的内容大概是这样的：我现在正在享受 XX 餐饮店的大餐，味道还不错！现在只要转发此段文字和图片到朋友圈并获得 28 个赞即可以 88 元获得 188 元的餐饮套餐一份。限量 88 份，详情请添加微信咨询。再加一张带客服二维码的图片供顾客扫码添加（每天更换不一样的带二维码图片，增加新鲜感）。

第五，引导复购

当顾客信任度达到一定级别的时候就进行复购活动。

当整体活动过了一个星期以后，我叫他们准备了一个"1 元吃大闸蟹"的活动。也就是说，现在只需要 1 元，就可以获得 5 个大闸蟹（成本在 40 元左右）。做这个活动的目的就是吸引目前微信号上的 3000 多好友再次过来消费。

因为之前我们有在朋友圈不断地发店铺信息，这些好友已经对商家有一定的认知度，也有信任度。现在又有这么优惠的促销活动，很多人都会过来再次消费的。有些朋友会认为"1 元吃大闸蟹"的活动肯定会亏本，但是事实告诉我们的是，不但不会亏本，还大大增加了店铺的收益。

那我们是怎么做的呢？

"1元吃大闸蟹"只是为了进行二次引流，吸引这些精准的顾客过来我们店里消费。同样的道理，顾客只要过来了，基本上也不会独自一人，也会增加其他套餐、酒水的消费量。

而且我们同样做了一个裂变机制在这里，服务员会和到店二次消费的顾客说："只要把'1元吃大闸蟹'这个活动转发到朋友圈，就可以立即获得一瓶饮料或者啤酒。"这时候同样有很多人都会转发。

那么就帮我们再次带来大量的流量，而且也增加更多微信好友，为我们以后更多的促销做准备。所以只要顾客来了，我们就有开发他们最大价值的机会，为我们以后产生最大化的利润。

第六，锁定顾客

复购的目的是让顾客再次回来消费并且进行锁客。

吸引到顾客过来复购的时候，我们会做一个办会员卡充值活动进行锁客。无论你在本店消费多少钱，只需充值相应餐费价格的5倍金额到会员卡上，今天的这一次消费即可免单。

比如说：吃饭买单的时候是200元，那么只需要充值1000元开办会员卡，此次用餐费200元就可以免单，会员卡的余额还是1000元，且享受终身9.5折会员折扣。

这么做给了顾客什么呢？

免单200元就是给了顾客眼前的利益，1000元还是在会员卡里面一分没少，没有付出任何的钱还可以免单，且终身会员 9.5 折对顾客来说看到了以后的利益，顾客会觉得赚到了，因此就很容易做充值决策了。

那如果你反过来做先充值 1000 元送 200 元，以消费者的心理接受度来说，这路肯定是行不通的。虽然意思是差不多的，但是"充值多少送多少"市面上已经有太多的商家在做这样的活动了，顾客对这类活动已经有很强的免疫力了。要让顾客先看到自己眼前的利益及以后的利益，办起会员卡来才会"爽快"很多。

吸引顾客办会员卡，顾客就等于把钱存到自己店里了，那么他就是店里的终身顾客，也肯定会时不时地过来消费。但各位还是要根据自己店内的利润及情况再去做活动，不管是打折也好，放低价格也好，都要以自己现有的利润去核算。

这个促销活动仅仅 7 天的时间，会员充值总额就超过 100 万，等于老王一次性收回 100 万现金随便支配。

我们来算下账，餐饮我们算利润 40%，那么成本是 1000×60%=600 元，1000 元 9.5 折以后是 950 元，减去免单的 200 元，也就有 750 元，等于是就算顾客把卡里的钱都消费完，我们也还可以赚每人 150 元。这还不排除很多顾客会员卡余额忘记消费的，或者持续续费的等等。

第七，设计裂变

同时还设计了一个裂变机制，即只要邀请 10 位朋友一起来参加店内的助力活动，并且助力到最低价 88 元，便可以立即获得价值 88 元的老火靓汤 6 份，每次来店可以消费一份。

只要有顾客想 88 元吃到这个餐饮套餐，并且获得会员卡和免费的老火靓汤，那么他就一定会参加活动。当他报名参加的时候，先自己给自己助力一次。因为后台设置每助力一次是1个点（每助力一次增加多少助力值可以自己后台设置），所以他自己助力一次只是增加了1点助力值，那么他还要邀请其他9个朋友一起帮忙助力，每人帮他助力1点值，最终才能以最低价88元获得这个套餐。

那么这里就会出现一个情况，也就是说，他要邀请9个人帮忙助力的时候，其他9个人也看到了这个餐饮套餐的助力活动，那么就会有更多的人参与进来。他们如果也想88元就吃到原价188元的2～4人套餐，也会报名参加，也会转发朋友帮忙助力，也要至少9个人来帮忙助力。所以这样就会不断地循环裂变下去，形成一个很好的品牌宣传效应，快速点爆全城，让你的助力活动大量出现在本地人的微信朋友圈。其效果是非常震撼的。

当然，除了在线上借助助力活动开展活动以外，也不能忘了线下的客流量，毕竟每天在你店门口经过的消费者还是数不胜数的，所以这个时候最好的方式就是设计一张活动海报，将套餐和助力活动的二维码一并设计到海报中，张贴在店门口引起线下消费者的兴趣。这时候他们只要拿出手机用微信扫一下二维码就能参与活动了！

在这里，给大家推荐一个"店豹"微信小程序。这个小程序其中一个功能就是可以帮助商家自行设计活动海报。只要选中喜欢的海报模板，并更换活动内容、店铺图片及二维码，就可以生成一张属于你自己店铺的海报，简单操作后，很快就可以拥有一张活动海报，不用再花费时间、精力和金钱求人设计。

回归正题，简单计算下：如果有10人参加，需90人帮忙助力；100人参加，就需900人帮忙助力；1000人参加，就需9000人帮忙助力。裂变下去的效果可想而知，最主要的就是产生这么大的宣传效果，商家居然没花钱，而且还可以赚钱。至于赚多少，就看你设置的价格了。

最关键的是，顾客助力到最低价一般不可能就自己一个人过来吃的，肯定也会带上几个亲朋好友，这时就会增加一些其他的消费，比如：其他套餐、酒水、饮料之类的。随便一张台都能消费几百元以上，所以做助力活动不仅没有亏还有盈利。虽然这份套餐你只赚了几元钱，但是附带的消费利润是非常大的。

做餐饮的招牌菜可能不怎么赚钱，目的是吸引顾客进来消费。最赚钱的其实是酒水饮料以及其他菜。做助力活动就等于是在打造招牌菜，吸引顾客过来，然后附带推荐其他利润菜。

还有一个最重要的环节——要设置客服微信，吸引这些参加活动的人添加你店里的客服微信号。简单的一场助力活动可以在短短几天时间内就帮你带来几千位微信好友，有了这些精准的本地好友，你还怕以后店里的生意会不好吗？

以后有新的促销活动，或者新的菜品上线，都可以在朋友圈发一下或者群发给这些好友，他们马上就会过来消费。平时也可以发一下店里的情况、环境等等，让这些本地好友记住你的品牌，一想起吃饭，肯定又会来你这里。

所以做助力引流活动，不但品牌宣传做到了，钱也赚到了，粉丝也积累了。这就是助力最大的魅力。

第八，挖掘终值

帮助身边更多商家建立私域流量池，也就等于是为自己免费建立私域流量池，不断地让更多的顾客贡献终身价值。

其实我们这一套"营销八步"的模式适合所有的餐饮店，只要根据自己的餐饮店稍微改变一下引流产品和操作模式就可以，营销思路和方法都是一样的。

老王经过我的点拨以后，自己也开始学聪明了。他身边有很多朋友都是做其他类别的餐饮店，比如：火锅店、牛排店、面馆等等。

这时候他把这套方法介绍给这些朋友。这些店也利用营销八步的流程去操作，从做助力活动引流开始，并利用"店豹"微信小程序全程辅助营销。整个流程走下来，几家店总共积累了18000多位的本地精准消费粉丝。加上他自己店的3000多微信好友，总数超过20000的微信好友，居然在短短1个月内，帮助他们的店铺创造几百万的营业额，简直不可想象。

方法很简单，就是老王指导这些商家各自先建立起自己的私域流量池，然后做互推引流。同时，哪家店有做促销活动的时候，那么其他的店一样帮忙推广，那么效果就会翻几倍，这个也就是所谓的商家联盟，效果非常明显。

所以，各位朋友，如果你感觉到你的餐饮店生意不好，或者想要做到更好，建议你能回过头来根据营销八步好好想想问题出在哪一步。只有找出问题，才能更好地去优化，才能持续地去改善，才能达到持续的盈利。

同时，大家也可以借助我前面说到的"店豹"微信小程序，辅助自己的营销活动。"店豹"微信小程序不单单为商家解决了海报和朋友圈文案问题，还囊括了大量成功的餐饮店营销案例。商家可以通过学习改善营销思维，提升店铺业绩。

目前"店豹"微信小程序已经上线，你可以直接关注微信公众号"店豹"，免费使用"店豹"微信小程序。

Conclusion

本章总结

所有的营销策划，都取决于你的产品质量。如果说你产品很烂，服务很差，那么宣传越大，营销越好，差评就会越多，反而会把店铺做垮。

所以，营销的一切根本在于产品质量。

就好像这本书，我从最开始有分享的想法到现在，已经将近两年了，一直都不敢轻易出来分享，而是不断地打磨精华内容，不断地研究最简单易学的方法，一旦分享出来，就必须帮助到更多餐饮店商家解决营销问题。

每一段内容都要让所有人觉得超值，让所有人都有所收获，让所有人看了都有"哇"的感觉，这个才是我的初衷，因为内容的质量决定一切。

通过本章节，相信大家对于营销八步都有了一个大概的了解。那么接下来，我们会进入到每一个步骤的讲解中去，让大家更深刻地了解、更好地把握每一个步骤的精髓和重点。

第 2 章

引爆客流营销八步之第一步：
打造爆品

本章内容

- 如何打造爆品才能让餐饮店快速火遍全城呢？
- 如何设计超级"鱼饵"才能让顾客无法抗拒？
- 什么是爆品思维？该如何打造爆品？
- 如何打造餐饮店菜品的核心竞争力？
- 如何打造爆品套餐快速锁定精准顾客？
- 如何用一个99元的龙虾单品火爆引流？
- 如何选取爆品核心价值，做到真正的口碑传播？
- 如何包装菜品能让顾客尖叫着感觉超值？
- 怎么样的文案传播出去可以迅速引爆全城？

本章目的

主要是想让所有学员都具备爆品思维，并且能轻易地包装设计出自己店铺的爆品用于引流；而且要具备前端让利，后端盈利的思维概念；把自己餐饮店最好的菜品用来引流，后续再设计其他菜品进行盈利。

第 2 章　引爆客流营销八步之第一步：打造爆品

▶▶▶

那么从这一章节开始，将带你走进更精细化的每一步营销步骤。首先就是打造爆品，其实就是一个能引爆顾客疯狂尖叫的产品，运用到餐饮业就是常说的"招牌菜""拳头产品"，并以超值超低价提供给顾客。

其次，我们也称之为引流产品，也就是"鱼饵"。你要想在别人的"鱼塘"里面钓鱼，首先要设计出一个让人无法抗拒的"鱼饵"，比如：之前我们操作水果店时的爆品就是榴莲，价格是 38 元，不但受众面广，而且价格超值。当店铺一个单品打爆的时候，其他利润产品的销量也会随之而上，而且也能快速建立起品牌，把顾客都添加进微信建立私域流量池。

一、打造爆品的两大基本要素

1. 要先懂得分析顾客群体

我们的顾客到底是谁，分析得越精准，我们的营销越容易做。很多商家在分析顾客群体这一块都是非常笼统的，就简单一句：大部分有消费能力的人都有可能是我的顾客。

如果单单是这样的话，那你营销起来会非常累。男女老少都想通吃，只会让你的促销活动没有中心点，到最后都吸引不了。

而我们更好的方法应该是聚焦到一类人群上，人物画像越精细，促销活动越容易成功。

比如：之前水果店的顾客，我们分析的顾客群体就是女性，年龄在 25 岁到 45

岁之间是最精准的，家庭条件比较稳定、优越的，能成为持续消费的顾客。

所以每次做促销活动包括送的赠品都是围绕这部分人群筛选的。因为她们是我们水果店消费主力军，占 90% 以上。

案例：快餐店如何打造爆品套餐，快速锁定精准顾客？

有个朋友在一个职业学校门口开了一家快餐店，最开始做的时候生意还是很火爆的，但是慢慢地周围竞争对手越来越多。本来一个学校的学生才不到 10000 人，学校里面又有好几个食堂，外面一条街至少有 20 家以上的餐馆。

生意越来越不好做，流量不断地分散到其他快餐店，这时候他就急了，用了好几个促销活动都没有起到很好的效果。后来他把几个促销活动的方案拿来给我看，我发现根本就没有什么中心点。所有的促销活动都不是围绕学生来做的，而是想着周边所有的人群，甚至包括附近建筑工地的民工大叔们。

他给我的解释就是，现在学校的学生选择越来越多，人数又是固定的 10000 左右，又比不过其他快餐店的产品，就想着做一些活动，吸引周边的人群来他店里消费，增加客流量，增加营业额。

我深入了解他的快餐店后，给了他以下几个建议：

① 先要分析学生为什么不来你家店吃快餐了？

我们以前也做过学生调查，很多时候是因为快餐店的菜品一年到头都没什么变化，就算做得再好吃，也会有吃腻的时候。所以我建议他要马上修改菜品，把一些平时很少人点的菜品砍掉，重新上一些新的品类，而且要保质、保量、保够，让顾客觉得超值。

学生吃快餐要的是味道和速度,所以品类不需要太多。品类越多,选择就越困难。而且对于快餐店来说,准备食材也麻烦,菜单上有的又不得不备货,备货又不一定有人点。

所有做得大的快餐品牌都是靠套餐来走量,所以还不如精简到只剩下8个爆品,例如:红烧排骨、农家小炒肉、西红柿炒蛋等等,让人们选择更容易。

然后每一位点餐的顾客都送一份超级赠品:一份老火靓汤＋一个卤蛋,而且必须是高质量的靓汤和好吃的卤蛋,不能因为是赠品就随便采用低成本的食材。很多时候顾客在意的往往就是质量,因为毕竟也是花钱了才获得的赠品。

②我们要有一个针对学生群体的营销方案。

我给他的建议是做一场"2元免费任吃一款套餐"的活动。什么意思呢?其实很简单,就是让他做了一张2元的套餐卡,凭这种卡可以到店里任选一个12元的套餐吃,你可能有点懵,这样做不是要亏死了吗?

别急,请继续往下看。我让他招募2个之前在他家吃过饭,又比较熟悉的学生,然后说给他们一个赚外快的项目:0成本,最少可以赚500元,之后给他们每个人500张2元套餐卡,告诉他们你们拿这个卡去学校卖,卖一张分1元钱,500张卖完,就有500元零花钱。你想想,2元就可以吃到以前要付12元吃的快餐,请问这个卡好不好卖?

答案是肯定好卖。那么如果2个人都卖完了,就有1000个顾客进来了,这样就不缺流量了。

果然不出所料,这样操作之后,这家店客流量爆满。一份快餐的成本大概是

4~5元，会员卡收回1元成本，那么也就是每个获客的成本等于是3~4元，但如果没有后招，那肯定是亏本的。

所以，当顾客吃完，用2元卡买单的时候，老板会和学生说："今天的菜还满意吧，下次还想不想免费吃？"

这个时候如果你是学生，你想不想？

肯定想，所以老板会说："今天只需要12元就能购买6张2元的套餐优惠券，还可以再送你一张免费套餐卡。"这个诱惑足够大了吧，花原本要花的12元，还可以免费吃一次12元的套餐，这种好事，天下哪里找？所以成交率高达70%以上。这个时候，我们来算一笔账，看看快餐店这样做会不会亏本？

获得一个顾客的成本是3~4元，但是如果他购买了价值12元的6张2元的优惠券，那么他就不亏，为什么呢？其实很简单，6张优惠券，如果对方买了不来用，这就是纯利润，减去获取顾客的成本，还赚8~9元，对吗？

那么如果他来用呢？那更好，你算一下，每次12元的套餐，学生只能用2元优惠券，那么还有10元，减去4~5元的成本，还赚钱5~6元，6张全部用完，就是赚30~36元，减去第一次获客的成本3~4元，再减去免费送他吃的一顿，那么还赚20~26元；

你知道这个策略最神奇的地方是什么吗？就是只要对方花12元购买6张2元的套餐优惠券，你就可以锁住他最少7次的消费。你要知道大学的流量是恒定的，如果你家吃饭的人多，别人家吃的就会少。

以上步骤做完，他已经扭亏为盈了，但如何让他持续火爆，而不是一次活动的热浪呢？

③加微信，朋友圈互动，时刻掌握学生的口味更改套餐。

每一个来吃饭的学生，我都让他加上微信，然后备注好每个学生的详细情况。每天上午10点在朋友圈发布当天的饭菜套餐，学生们就可以通过微信预定中午吃的套餐，这样就可以预估到今天中午的食材和配菜的量，减少损耗成本。做生意，省下来的就是纯利润。

平时多更新关于店铺的情况和菜品的制作过程，增加信任度，让顾客能直接了解所有食材的新鲜卫生情况。

更主要的是，可以在朋友圈不断地互动，掌握学生最新的口味，然后根据这些信息来调整快餐店的菜品，顾客就不会因为某些套餐吃腻而流失了。

这样做就可以获得更多的回头客，并最终变成快餐店的忠实粉丝，而且会不断产生裂变、传播。这样他每个月大概可以有3~5万的利润，而且持续稳定，一跃成为大学城附近最火热的快餐店。

2. 要懂得分析自身的亮点

清晰地知道自己的优势产品或者比同行有优势的某个亮点，并放大这样的亮点，让更多的顾客能被我们的亮点所吸引。只要你的亮点足够大，就可以掩盖所有的劣势。

通常所说的"一白遮百丑"，也是一样的道理。我们要懂得放大自己的长处去弥补自己的短处。当顾客关注你长处的时候，他就会忽视你的短处。

想必大家都有蹲坐在路边吃美味小吃的经历，如果口味一般，你愿意蹲坐在马路边吃吗？一家餐饮店，当你的味道非常好吃的时候，很多顾客就会容易忽视你的店铺环境。

比如长沙臭豆腐，其特色小吃品牌已经不会让你去在乎究竟是不是路边摊，只会让你觉得来了长沙一定要尝一下当地的特色小吃。

对于任何的餐饮店而言，都必须要有一个爆品让顾客迅速地记住你的品牌。我们很多时候经常去一家餐饮店吃饭，往往记住的都是这家店的某个菜非常好吃，非常有名，所以才能吸引我们不断去吃，但在吃这道菜的时候，往往能附带其他菜品的消费。

曾经我们在广州就有这样的一段经历。因为一家店的砂锅焗鸡好吃，我们居然在一个月内去消费10次以上，而且还带了身边不少朋友过去品尝。后来身边的朋友觉得好吃，又带朋友过去吃，单单因为这道菜，就吸引了我们身边不少于30人去吃。

还有一次是我们本地的一个土菜馆，就因为一个砂锅焗板栗南瓜好吃，我和朋友们连续一个星期都在那家店吃，并且发现他们所有的原材料都是从山里面的农场直接采购的，非常新鲜。直到加了老板的微信看了朋友圈，才知道不仅可以到店吃，还可以送货上门，甚至通过快递发出去做礼品。

以上两个案例中的店，环境都类似于大排档，并不算很好。但是基本上每天都是爆满，特别是晚上的时候，还需要排队。所以吸引顾客的并不一定是就餐环境，而是一个好吃的菜。

二、爆品的六大基本策略

1. 单品策略

我们首先来看看第一个单品。刚接触一家餐饮店，我们会先看他的店铺环境以及相关菜品，最容易分析爆品的数据就是销量，一个店点得最多的菜一般都是有亮点的。如果没有爆品就制造爆品，像我们之前做水果店引爆的就是单品模式，仅仅靠榴莲去引爆市场。

就好像超市一样，每个超市都会挑选一些日常用品，比如：用洗衣粉、洗洁精来做低价爆品引流。吸引更多的顾客进去超市，一旦顾客进了超市，就不单单只会买洗衣粉了，肯定还会附带购买其他东西。洗衣粉可以不赚钱，但是其他产品都是有对应的利润的，整体就可以实现盈利。

很多淘宝店铺都是靠爆品打造出来的，你逛淘宝的时候，可以发现很多低价产品。特别是手机配件，有很多低价的屏幕保护、充电器、充电线等等，都只要1～2元钱。除去快递和成本，商家肯定是不赚钱的，但是会产生很大的一个销量和曝光量。这样做的同时也能产生很多回头客，只要想起买手机配件或者相关产品，自然就会想到这家店，或者淘宝自动推荐曾经买过配件的店。

案例：海鲜馆如何通过单品大龙虾精准引流？

之前我们帮一家海鲜馆设计过一个"99元吃波士顿大龙虾"的引流方案后，店里每天都是爆满。因为大家对大龙虾的认知度就是"很贵很好吃"，但是现在有这么好的机会且只要99元，都感觉赚到了，所以店里基本上都要提前几天预定。

当时一只大龙虾（一斤左右）进货成本都超过99元了，虽然成本巨大，但只要能做火爆活动，我们应该更多的是盯着综合成本和利润，而不是单品成本。且随着订货量的增多，上游供货商给予了最低的供货价。

假设龙虾成本包括加工费用是 120 元，99 元卖，亏 21 元。但是一只龙虾可以带来一桌吃饭的顾客，一顿饭下来所赚的差价，远远超过龙虾亏的钱，那么这样就可以持续放大。前端卖越多龙虾，就代表后端赚更多的钱。

2. 套餐策略

很多时候，我们也会用套餐来做引流产品，没有单品就做套餐。如果店铺产品找不出比较有特色的菜，那就是把一些常规菜搭配起来，用低价的优势去宣传引流。

套餐模式操作起来和单品模式是一样的，效果也差不多。所以用单品还是套餐来做引流，可以根据自己的店铺情况来定。像团购平台上就有很多这样的套餐，比如：2～4 人套餐，4～6 人套餐，8～10 人套餐等等。

案例：火锅店"59 元吃双人套餐"，一个月收获多名会员！

丽姐和朋友合伙开了家火锅店，她们特别看好火锅这个行业在本地的未来和前景。火锅店刚开业的时候，因为附近还没有什么竞争对手，所以在刚开业的时候，丽姐就和她的合作伙伴用"姐妹花"这么一个招牌，给火锅店招揽了不少的生意。其一度成为当地的餐饮业标杆，许多同行都想复制丽姐火锅店的盛况。

但眼看着这几年来越来越多的品牌连锁店强势入驻，而像丽姐这样没有品牌背景做靠山的自主餐饮店，生意就越来越难做了。因此，丽姐也是深深地感受到了前所未有的危机。

后来在一个巧合的情况下，丽姐结合自己的火锅店情况，给自己打造了一个收获 2000 多名会员的方案：

第一步，市场分析

丽姐首先对整个市场经济进行了判断和分析，马上就发现了火锅店存在一个严重的潜在问题。虽然一开始用"姐妹花"这样一个招牌在刚开业的时候揽了不少客人上门，但是却没有很好地进行锁客，也没有更好地利用新媒体渠道进行店铺推广。对于一家实体店来说，如果没有进行实时营销和顾客保持高频率接触，这样的行为就如同闭关锁国一样。

第二步，产品设计

在进行了彻底地分析和发现问题后，丽姐设计了一套方案：

为回馈新老顾客，火锅店特别推出原价128元的双人火锅套餐，现在只需要支付59元即可免费享用，并且承诺没有任何的隐形和强制消费，诚信经营，童叟无欺。

另外在这个套餐的基础上，只要再额外支付5元的会员费，即可成为本店的会员。成为会员后，不仅本次的餐位费、茶水费一律全免，以后会员但凡到店消费，立即赠送价值78元的现打虾滑1份，而且还享受全店满120立减10元，满210立减30元的会员权益和福利。这对于有消费欲望的消费者来说，就是火锅店锁客的最好方案。

只要能够通过一个引流活动成功吸引精准顾客到店，那么我们就能够利用这些潜在顾客进行5元会员的营销，并通过价值78元的现打虾滑成功锁定顾客，最终形成不断回头消费，实现盈利。

3. 采购赠品策略

假如你是轻食餐饮店，主打低脂肪高营养又能够吃饱的五谷杂粮、水果沙拉营养套餐。那么你的顾客群体就是爱美的女士，特别是学历高、待遇好，或者是宝妈，家庭主妇。这时候你就要想：这些人喜欢什么，喜欢的哪些东西可以直接和你的产品链接起来？

比如：女性冬天搭配的高档围巾，市面上要几百元一条。你通过阿里巴巴批发只要几十元一条，然后拿来做引流赠品。通过某个渠道，把信息发布到有精准顾客的池塘里，就能吸引这些女性顾客来领取。然后添加顾客的微信，就可以变成你的私域流量，通过朋友圈的打造，就有机会在你的餐饮店消费。

可以直接设计一个成交主张，比如："价值299元的高级围巾，现在只要集赞满28个就可以以19.9元购买"。做这样的活动取决于你有没有能力拿到质量好、价值大、价格又便宜的产品。阿里巴巴是最好的选择，前提是你要先买回来看看质量。

我们再来看几个案例。

比如某品牌手表专卖店标价2000多元，天猫京东也要1380元一块，但是我们有渠道可以从厂家直接拿货，只需要280元一块。有餐饮店拿去做充值促销活动，充值1000元就送一块价值2000元的品牌手表。这样一来根本不需要怎么宣传，就能快速收款几十万。

又比如市面上几千元的净水器，批发才100多元一台，而且还有明星代言，品牌背书都非常好。有餐饮店拿去做促销引流，本店消费满158元，即可获得一台价值2380元的净水器。这样一看似乎没赚多少钱，但是一般顾客收到净水器都要安装，收费100元一台，净水器的成本基本上就收回来了！

这时候及时地引导顾客加微信，半年后跟踪换滤芯情况，又可以赚钱。而且持续通过朋友圈的打造，同样也有机会在你的餐饮店重复消费。

4. 联盟赠品策略

有时候要挖掘自己身边的无形资源，很多资源都是可以帮助你的，所以我们要懂得如何去借力。

如果你是开餐饮店的，身边有一个朋友是开儿童乐园的。那么就可以和他商量合作，想办法互相导流，设计一个让人无法抗拒的成交主张。如简单的代金券，在各自的店铺内消费满多少就可以获得对方店铺的折扣卡或者次卡、会员卡等等。

比如：你叫他打包一个12次的儿童乐园次数卡给你，在你餐饮店消费满158元，就可以免费赠送这个儿童乐园次数卡。这样做不但帮助你提升业绩，而且帮助他的儿童乐园导流。把这个赠品设计到你的"鱼饵"里面，也是非常吸引顾客的。对于你来说，儿童乐园次数卡也就变成你的爆品。

案例：烤鱼店免费吃烤鱼，不仅赚钱而且月利润高达15万！

陈大姐投资了一家餐馆，做的是很著名的万州烤鱼品牌。厨师的技术很好，烤鱼味道也很不错，所以陈大姐以为她的生意会很好做。但她没想到，店开了两个月，进店的顾客非常少。经过朋友的推荐，她向我进行咨询和交流。我先问了她四个问题。

问题1：开店以来做了哪些促销活动？

答：在广告上投了4000余元，主要用于开业活动的宣传。

问题2：你店的主要产品是什么？你是怎么赚钱的？

答：经营烤鱼和一些炒菜，主要是做下午和晚上的生意。

问题3：烤鱼卖多少钱，原材料成本多少钱？

答：烤鱼两斤左右的58元一份，烤鱼成本不超过20元。

问题4：每张桌子能赚多少毛利润？

答：一张桌的平均销售额约为150元，毛利约为70元。

在对这家店的情况有了基本的了解后，我给陈大姐设计了以下方案：

我们按照4000元的广告成本标准，把这个烤鱼打造成一个爆品免费送出去。也就是说，20元一份的烤鱼，可以让200人免费来吃。这时，你不需要花钱去做无用的广告，只需制作一张"免费吃鱼活动"的卡片，就可以开始活动了。

如果别人不来，你不会有任何损失。如果来了，你还可以赚钱，因为你一张桌子的平均销售额可以达到150元。如果扣除这58元的烤鱼，每桌的消费大约是100元。算出每张桌子的毛利率后，你还能赚50元。

看到这里也许你会说，你也有设计过类似的活动，但效果并不好。发了几百张出去，只有几个人来。这时，你想一下如果是免费的东西，会没人想要吗？一定是有人想要的。那为什么来的人少了？这取决于你送的方式。

为什么免费送还没有人要呢？

因为你和大多数商家一样，把传单拿到街上，遇到人就发广告，这自然没有效果。如果我在路上遇到你，给你一瓶饮料，你敢喝吗？你当然不敢喝，因为你不熟悉、不认识啊。如果说你身边有我的朋友，然后他很了解我，我给你带来的饮料你朋友给你喝，你敢喝吗，你肯定敢喝啊！

所以你之前的广告没有效果，原因是一样的。顾客害怕陷阱，所以不敢来。因此我们必须先解决信任问题。最简单的方法就是借用异业商家的"鱼塘"来赠送出去。

你可以找美发店或美甲店的老板，给他送20张"免费吃烤鱼"的卡片。顾客只要在美甲店消费158元，就可以立即赠送一张"免费吃烤鱼"的优惠卡。这样不但可以促进美甲店的顾客消费，同时也可以为烤鱼店做引流。这样很多异业商家也会很乐意帮你去送卡，因为对他来说是有帮助的。

按照我设计的方案，最后测试了100份烤鱼赠送产品，共有41份被顾客到店使用。只有一张桌子不吃其他菜就吃烤鱼，而其他40张桌子的价格基本在150元到200元之间，同时也测试出哪些渠道引来的客流更多。

如果每桌能赚五六十元，40份烤鱼就能赚2000多元。那么下一步就是扩大业务，挑选出来顾客较多的异业商家"鱼塘"渠道，并增加赠送卡片数量。活动一个月后，烤鱼店每天的上座率几乎都是满员，当月利润总额高达15万！

5. 会员资格卡策略：会员资格也是一款爆品

会员卡也是累计顾客、长期锁定顾客的一种爆品策略形式。之前有一位开酒楼的黄总开展会员卡锁客策略，不但把会员卡以30元一张售价卖出去，而且还锁定了200多个长期顾客，一举两得。

之前黄总一直很苦恼不知道如何锁定会员，也去学习了很多营销课程，但落地的效果就是不理想。

黄总原来采用到店消费就免费赠送会员卡的形式，持会员卡就能享受折扣。大概送了有好几百张，但几个月下来持会员卡来消费的顾客却寥寥无几、效果甚微。本来就可以不用折扣优惠的顾客，还主动给了优惠给人家，利润也下滑了很多。

那么我就笑着问黄总："既然免费送的会员卡顾客不重视，那么就收费嘛！顾客花钱买的会员卡，当然比较珍惜啦！"黄总回答我说："免费的会员卡顾客都不要,何况收费呢?那不就是更没有人要了嘛。"

据了解,来黄总酒楼吃饭的顾客都喜欢点 1 扎饮品喝,平均一张桌子基本要点 2 扎饮品。1 扎饮品售价 38 元,那么顾客一顿饭就要消费掉 2 扎饮品共计 76 元。我们根据这个情况,制定了会员卡锁客策略。

策略:现花 30 元办理会员卡即可免费赠送 2 扎价值 76 元的饮品,并且长期享受 9 折优惠,后期还可以享受店里会员特有的优惠活动,例如:新品尝鲜价,生日福利等。

我们还根据店里服务人员的情况,制定了一套办理会员卡的奖励机制(成功办理一张会员卡奖励 5 元现金)。为什么还要设置奖励机制呢?因为这样子能调动起所有服务人员参与办理会员卡活动的积极性,不但能提升办理会员卡的顾客数量,也能让服务人员多增加一份收益,皆大欢喜。而且有办理会员卡奖励机制,只需要告诉服务员,你想多赚钱,就开几张会员卡即可。例如:一个服务员这个月想多赚 500 元零花钱,那么通过计算得出:500÷5=100 张/月,那么一天就要完成 3~4 张。就这样简单地改变下思维,结果就完全不一样。

服务员想要让顾客办卡,只需要在顾客点餐的时候简单地说几句:"您好,某某先生/女士,现在只需要花 30 元就能获得价值 76 元的 2 扎饮品,而且还能获得一张会员卡,长期享受 9 折优惠。您看要不要办一张?"

听到这些,大多数顾客都会办卡。因为顾客心理就会想,现在只需要花 30 元就能享受 76 元的 2 扎饮品,而且以后还有会员折扣,太划算了(所以这个策略就是利用了顾客占便宜的心里,让顾客心甘情愿地掏钱办卡)。

6. 多项搭配策略

像我们前面分享的《餐饮店完整营销八步成功案例》中老王的餐饮店用的就是多项搭配，以套餐＋回头赠品＋裂变赠品的方式，利用助力活动加裂变机制帮助我们引流与锁客。餐饮套餐在店售卖原价是 188 元，成本可能也就 80 元左右。那么我们就可以将这个 188 元设置成套餐的原价，助力值达到 10 点就可以 88 元获得，这样我们不仅没有亏还有赚！

这里我们再设计一个限量的回头赠品，前 100 名助力到 10 点的朋友再送价值 188 元的会员卡，里面有余额 188 元，以后在本店消费可以享受 9.5 折，每次消费可以抵扣 20 元现金。

我们还设计了一个裂变机制，现在只要邀请 10 位朋友一起来参加我们的助力活动，并且助力到 10 点，可以立即获得价值 88 元的老火靓汤 6 份，每次来店可以消费一份。

所以我们要多转变思维，一定要让顾客感觉超值到尖叫，这样就很容易掏钱购买了！而且还可以帮你转介绍大量的顾客。因为超值的东西，顾客都是很乐意分享的。

三、爆品的四大基本要求

1. 受众面广

选择产品的时候一定是要大众化的，令人喜欢的，或是顾客购买欲非常强的，比如榴莲！但又需要有一定的辨识度，最简单的就是在顾客既知的印象中，增加新颖的东西。比如烧鸡，这个是大家都知道的菜，那如果将烧鸡吊着上菜，就觉得很新颖，顾客就想去试试好不好吃。

另外还可以利用蹭热度创造产品，比如：《舌尖上的中国》曾经出现过的菜式，相对有一定的知名度，那么你在这个基础上再创新，自然又会有更多的人喜欢。

千万不要用千奇百怪、顾客都看不明白的菜式或者感觉不安全的菜式去做爆品，因为顾客对这个没有什么认知度，就产生不了对比。产生不了对比就没有兴趣去体验尝试，自然就影响宣传效果。

2. 价值大

不管什么爆品，一定要在顾客的认知上让他们感觉超值，所以一般我们的引流产品价格，都会建议在100元以内，这样更容易吸引人，然后再包装一下爆品的价值。

之前我们做过一个农庄吊烧鸡的案例：我们让老板把吊烧鸡整个制作过程，包括食材准备、原材料来源、喂养方式、生长环境、宰杀处理方式、烧制过程等等一系列的价值包装展示出来。

我们展示了那么多，是为了不断地塑造这个吊烧鸡的价值，让顾客感觉到原来做出这道菜要花这么多的流程，而现在仅仅花这么少的钱就能享受到这么美味的菜，那一定要去尝一下。

这样就会勾起顾客的体验心理，一旦顾客产生这样的想法，那么我们的价值就已经足够让这个顾客下决心付款了。

3. 成本低

大家都不会愿意做亏本的生意，所以成本一定要控制。如果你前期亏太多的话，后面的风险就会越大，一般我们都是建议有微利或者持平。比如：之前说的那个龙虾，最开始拿货的时候都是100多元，最后每天都有一定的量，而且是稳定拿货的，价格就压下来了，成本与利润基本上持平了，后面的风险就小了。

但是，也不能为了省成本，去拿劣质的原材料给顾客做菜。很多人觉得既然销售价格这么低，就用差的原材料去做这个菜，那就大错特错了。做引流的爆品，是顾客对你店铺的第一印象，如果第一印象都给人留下不好的记忆，那以后不管你怎么营销，顾客都只能记住你失败的第一次。

我的理念恰恰相反。在引流产品上，我们要用最好的食材，做成最好的菜品来锁住这些顾客的胃，让顾客吃完以后有种超值的感觉。其实就是利用了顾客占便宜的心理，让他感觉真的是太实惠了，这么低的价钱，吃到了这么好的菜，对你的第一印象自然会很好。

所以，成本一定要自己核算好，不能为了省钱去用差的食材，而是用同样的钱去做最合适的产品。

4. 吸引力度大

我们这里所说的吸引力就是你的文案或者图片的吸引力，既然我们准备了这么好的一个爆品，那我们就要想办法组合起来形成一个"鱼饵"，可能是一篇文章（投公众号或者做助力活动的文章），或者是设计出来的一张图片（引导转发朋友圈的爆品介绍图片），或者一个视频等等。

这个我们就要精心去准备，文案、图片和视频都要非常有震撼力和吸引力，让人一看就心动，一看就想下单购买。

比如：我们包装的"鱼饵"想利用图片这个载体去通过朋友圈转发宣传。那么我们首先要设计一个足够吸引人的图片。好产品配上好文案，就像按下印钞机的开关，创造出源源不断的财富。

但设计图片前还得想想这些问题：是否引起了顾客的食欲？是否抓住了精准顾

客的吃货心理？是否能引起顾客的好奇心？是否能引起顾客的传播以及转发？是否能让顾客看到后立马采取行动？

一定要懂得抓住顾客的需求，你能给他什么价值，这张图片能帮助他产生什么价值并突出在最亮眼的地方，让顾客第一眼看到就被吸引！因此，要让你的广告吸引人，就要给他足够的好处。高价产生价值，低价产生欲望，顾客行动力最大化来源于"高价值的菜低价格卖"。

Conclusion

本章总结

关于如何打造爆品，在营销角度来看，其实也就是制造出让人无法抗拒的"鱼饵"。我们要先选择自己店里成本低、价值大的单品或者套餐，然后通过包装价值，设计出吸引人的图片、文章或者微营销活动。

当你准备好这些的时候，就可以从"鱼塘"里面"捞鱼"了，了解清楚自己身边有哪些"鱼塘"以后，把制作好的"鱼饵"抛向这些"鱼塘"，那么就能将别人"鱼塘"里的鱼大量吸引到自己的"鱼塘"里。

也就是说，当你把准备好的这个高价值、低价格的爆品宣传出去以后，就会有很多顾客来你店里消费。当这些顾客来到你店里以后，你就可以引入更多有利润的产品来实现盈利。

那么，当我们把爆品都塑造好，如何把它抛出去，让更多的人知道呢？这就得在"引流"上下功夫了。

第 3 章

引爆客流营销八步之第二步：
精准引流

本章内容

- 如何寻找精准的流量渠道引导顾客到私域流量池？
- 客流量、转化率、顾客价值是如何影响餐饮店引流的？
- 如何通过挖掘、优化、倍增提升餐饮店的利润？
- 餐饮店挖掘客流量的六大基本渠道分别是什么？
- 如何通过一篇软文广告引爆本地高端水果市场？
- 如何通过免费活动引流千名会员？
- 异业联盟怎么样设计成最佳的引流方式？
- 如何用一个9.9元吃田鸡的活动火爆引流？
- 如何利用代金券疯狂吸引大量的回头客消费？
- 如何更好地倍增放大吸引精准流量和精准顾客？
- 如何更好地选择适合自己餐饮店的引流渠道？

本章目的

主要是让学员清楚地知道适合自己餐饮店的引流"鱼塘"有哪些，如何去找到这些精准的"鱼塘"进行投放，如何设计好的"鱼饵"进行引流。目前引流的方法有千千万万，但是适合自己的仅仅就是那么几种，所以一定要找到适合自己，又能轻松带来精准顾客并且产生利润的引流渠道，而不是盲目地去浪费钱投广告。

第 3 章 引爆客流营销八步之第二步：精准引流

▶▶▶

前一章节我们提到了如何打造爆品，那么爆品出来以后，我们要如何引流呢？可以利用各种媒体（如微信、短视频、报纸、电视、传单、网络、杂志等等）传播出去，包装好爆品的价值，编辑好吸引人的文案，抛向这些媒体"鱼塘"进行精准引流。

还可以利用各种关系网、合作商家、异业联盟将包装好的超值爆品运用相应技巧投放出去，引导目标顾客添加我们的微信进入私域流量池。

比如之前我们操作水果店时，包装的爆品是38元一个的榴莲，然后写了一篇非常吸引人的文章通过本地微信公众号投放出去，很多关注这个微信公众号的榴莲控粉丝看到38元一个的榴莲都无法抗拒，当天加我们客服微信想要购买的粉丝就有好几千人。

流量定位越精准，我们越容易成交。目前对于餐饮店来说有太多的引流渠道，但究竟哪一个流量渠道才是最适合自己店铺的？哪一个流量渠道的顾客最精准？哪一个流量渠道的顾客能贡献更大的营业额？

这些都要经过测试，并根据最后得出的数据再来确定哪个流量渠道最好，然后把所有时间精力集中在这个流量渠道上，持续放大！而不是盲目地这里试试，那里测测，到最后都以失败告终。

比如我们曾通过抖音短视频测试每天能到店30个顾客，平均每个顾客到店消费60元，那总营业额就是1800元，利润大概是900元，那么一个月的利润就是 $900 \times 30 = 27000$ 元。而带来这些顾客的抖音运营团队只是3个人的工资支出，那么就可以持续放大这个流量渠道，为店铺源源不断带来顾客消费，贡献营业额和利润。

影响餐饮店引流的三大因素：客流量、转化率、顾客价值

影响餐饮店引流的三大因素

- 客流量
- 转化率
- 顾客价值

很多朋友逛商场快到饭点的时候，就会发现在电梯口或者商场门口有很多餐饮店的店员在派发传单，吸引人群到他们店消费。

如果一家餐饮店，每天安排店员在商场门口派 1000 份传单。假设有 100 人到店消费，每人给你贡献 50 元营业额，那么你现在的客流量就等于是有 1000 人，客单价为 50 元（这只是前端价值），客转化率为 10%。

那如果我们再进一步地优化传单，比如：传单上醒目的促销语、套餐的价格做到足够吸引人。派单员的热情度、话术和方式也再进一步地优化，那么客转化率也就会进一步地提高，营业额也会整整翻一倍。接着在顾客进店消费的时候，再增加店内其他的套餐来促进顾客消费，就轻松达到了客单价增加的同时也增加了营业额。

不管你做的是什么餐饮店，这三个因素都在影响着你的营业额，这就是一个永恒的定律！

餐饮店挖掘客流量的六大基本渠道

上面所提到的发传单只是目前我们最常见的一种挖掘方式，但随着移动互联网的大力发展，派传单及一些传统的营销方式所带来的效果已经微乎其微了。当然，如果你给予传单一种价值，那么引流效果还是不错的。

> 案例：奶茶店如何通过免费喝奶茶活动，引流千名会员？

何老板在成都经营着一家奶茶店，可他的奶茶店位置处在一个小巷子里。巷子大约300米长，但是可以直接通往一条大马路。马路对面有个学校，学生大概有3000人左右。虽然总体客流量还可以，但由于店铺的位置比较偏，所以生意也并不好做。

何老板想到自家店铺位置相对比较偏一点，为了吸引更多学生进店消费，价格定的要比其他店里便宜。奶茶的味道不错，定价也低，但生意就是一直不见起色。因此，何老板一直在想方设法地改变店铺现状，后来经人推荐和我交流，设计了一套方案，成功吸引了大量新客。

第一步：免费赠送100杯原味奶茶

先去学校门口发宣传单，对外说店铺季节活动，凭宣传单到店就可免费获得一杯原味奶茶，仅限100杯。这样一来，店铺当天就来了200多人。

顾客到店来领奶茶后，又引导顾客添加微信，这样就能成为店铺会员，后续活动都可以直接参与。

第二步：奶茶月卡低价拼团活动开启

据统计，被"免费喝奶茶"这个噱头吸引过来的人数大约在350人左右。也就是说，微信新增顾客三百多个。之后，组建一个群，将这些顾客都拉进微信群里，然后在群里和朋友圈推出此次的活动。

"奶茶月卡三人拼团，价值320元，现在仅需68元。购买此奶茶月卡后，30天内，每天都可以来领取一杯珍珠奶茶"。活动一开展，顾客反响积极，迅速吸引了众多人参与。

先是免费赠送100杯奶茶，然后又是68元承包一整个月的奶茶。很多人也许会对这两个活动有质疑，认为这都是倒贴钱给的，参与活动的人当然多，亏本赚吆喝，最后肯定要赔得血本无归。

其实不然！

首先，第一次的活动是免费送奶茶100杯，而一杯奶茶的成本不足2元钱，就算活动亏本200元。但在第二次活动中，68元喝一个月的奶茶，顾客买了月卡之后即使每天都来，那30杯奶茶的成本也只要60元。这么一算，你还觉得亏了吗？

一般情况下，大家都不会每天都来喝奶茶，而且重复喝一个口味的也少之又少。这时，有部分人就会选择换口味或者加料，而这些都是需要差价的。他要补差价，而你的成本基本不会增加。

通过两次活动下来，奶茶店不仅新增一千多客流，而且活动赚取的总利润也高达一万多。这场活动的开启，成功把客流量激活。

这个方案就是先用免费奶茶做噱头，吸引部分的新客流，然后用68元月卡拼团活动吸引更多的客流，快速提升店铺盈利。月卡活动也能让顾客在无形中养成到店消费的习惯。

那么除了派传单，又有哪些可以引流增加客流量的方法呢？

1. 店本身自然引流的新顾客和老顾客

首先，我们要懂得维护好来过我们店里的顾客，因为这些就是我们的财富。只要把来过我们店里的顾客都加到微信上统一管理，后期就可以为我们创造无限的利润。

案例：小餐馆的高明之处

曾经有一家餐馆，当顾客点完菜后，老板娘就会和顾客说："现在只要添加店铺的微信，不但以后可以直接微信上定位子，现在还可以免费赠送一道价值38元的菜，下次过来的时候可以直接享受。"

就这么简单的一招，可以帮助她平均每个月积累500人以上的精准顾客。每当店里生意不佳的时候，老板娘就通过微信联系这些顾客，利用超值赠品吸引老顾客来消费。

这些顾客如果不来的话，我们不需要付出任何的成本；这些顾客过来的话，肯定不单单只吃一个菜，那么其他菜的利润都会远远超过赠送的成本。这样也能轻松实现盈利。

如果想要效果更好的话，那么我们可以和每位到店的顾客说："现在只需要添加我们的微信免费成为我们的会员，立即可以赠送10瓶王老吉，每次过来消费的时候都可以免费领取一瓶。"这样不但可以吸引顾客加微信，还可以锁定顾客10次回头消费的机会。

因为顾客很少会一个人到店吃饭，顾客一起过来的朋友肯定也不会花钱买王老吉，也会添加店铺的微信免费成为会员领取免费的王老吉喝。这样就可以顺理成章地把一桌人的微信加上了。

虽然免费赠送了饮料给顾客。但是通过这样的方式，不但加了顾客的微信，还让顾客有身份感，一石二鸟，何乐而不为？

2. 朋友圈海报引流

案例：朋友圈海报招徕客源不断

一个简单的"原价68元，现在仅需34元"的盐焗鸡活动，在短短7天时间内，让"多吃鸡"店铺销售3000多份产品，收款10万多。虽然每份产品只能赚5元钱，3000份一共才赚了15000元，但是却帮助"多吃鸡"积累了6000多的微信好友。顾客资源才是最值钱的，在后期可以为"多吃鸡"源源不断地贡献利润。

这个活动的精华在于店长要求每个以34元购买盐焗鸡的顾客都帮忙转发上面活动的海报和文案，瞬间又可以带来新的顾客，进行二次裂变。这样每天都有源源不断的新顾客加微信购买盐焗鸡，然后再要求转发海报和文案裂变，不断地形成良性循环。

之后只需要每天在朋友圈更新产品、店铺、团队相关的一些内容，增加微信好友的信任度，还可以不断利用裂变海报和推广文案引导顾客购买其他产品！

3. 本地微信公众号文章"引流"

商家可以在很多本地人都会关注的本地公众号、自媒体平台推头条软文文章，再结合一些活动和促销，帮助店铺提升客流量，效果还是非常巨大的，而且这也是最简单的一种方式。

利用前面所学的方法，结合自己店铺的单品或者套餐菜品制作一个让人无法抗拒的超级"鱼饵",然后抛向本地公众号这样的池塘里面,吸引目标顾客群体来我们店铺消费。

像我们之前打造的本地高端水果店就是利用这样的方式去引爆全城的。首先,我们包装泰国榴莲的整个生长过程、生长环境、安全卫生程度、口感美味等等,然后利用宝马美女送榴莲的噱头,写了一篇文章,之后投放到公众号平台。效果非常明显,当天就销售了几千个榴莲。

4. 利用微营销活动帮助店铺引流

助力活动为的就是宣传你的店铺和产品,那么我们选择最吸引人的套餐之后,设置的价格只要不亏就可以,我们不需要去赚太多利润。这次活动的目的主要是宣传品牌和积累精准顾客,建立顾客数据库。

案例:西餐厅如何利用微营销活动引爆全城?

去年有家西餐厅做助力活动,刚开始的时候也是一筹莫展。后来我了解到他们家的牛排点单率很高,而且成本低,很多人过来就餐就是为了吃58元的单人牛排的。

我就建议商家利用这个牛排产品做助力活动,原价58元的产品,助力值到10点即可以18元购买,中间设置40元的差价,并在后台设置每一个人助力一次是1点,也就是大概需要9个人的帮忙才可以获得18元的牛排。

当挖掘出吸引人的菜品并且设置具有诱惑力的客单价,接下来我们要做的就是优化助力页面。只有吸引人的文案加上菜品,才能推动这个助力活动自动裂变。

当然,做助力活动最主要的是要有一个起量,也就是客流量渠道,我们统称为"鱼塘"。助力活动和商品就等于是"鱼饵",你要想尽办法把这个"鱼饵"投放到鱼群中去。

那么这个商家就可以让自己的员工在活动前就加入10多个本地的微信群，并联系好100多个朋友准备参与活动。全国各地本地微信群都有很多，随便发条朋友圈都会有朋友拉你进去。或者你本来就已经有比较多的本地微信群，可以利用起来。做餐饮店生意，强烈建议你们多加一些本地微信群。

另外联系朋友也比较简单，活动开始前先和他们聊聊，活动后让他们转发到朋友圈即可。大部分朋友通常都会帮忙的。

当准备好这些的时候，活动一开始就已经很火爆了，当天晚上就已经满台。

还有最主要的一点，就是告诉当天到店消费的顾客有这样的活动，叫他们赶紧参加活动。仅当天中午，他们店里就有30个人参加并达到助力值。

说到倍增客单价，我们是这样教他操作的：来店里以18元吃牛排的顾客肯定很多，且大多数都是和朋友一起来的，所以不可能单单只吃一份牛排。

这时候我们就给他一个新的成交主张："原价88元的咖啡水果套餐或者饮料水果套餐，现在仅需要58元"。这样的话，每桌基本上都会点的，因为吃饭总喜欢配点饮料和水果。我们都知道餐饮店的酒水饮料成本是比较低的，平时卖几十元的咖啡奶茶成本也就几元钱。这样就已经倍增一部分利润了，还没统计其他菜品和饮料的收入。

通过这场活动，我们来总结下：牛排就是挖掘出来的菜品，助力活动页面就是优化出来引流的工具，增加的饮料套餐就是倍增单价的目的。

简单的一个助力活动，三天下来帮他带来平时3倍的营业额，虽然利润不是很高，但是也超过以往平均水平。活动不但帮他的店免费在本地打造出响亮的品牌，

第 3 章　引爆客流营销八步之第二步：精准引流

还收获了 1000 多个精准的微信粉丝。每个助力活动都建议设置一个客服微信号，目的就是为了积累粉丝，方便以后的多次促销。

这些顾客都是吃过我们的菜品，或者对我们有所了解的，以后有类似的促销或者其他优惠，就能积极响应。这样就等于建立起自己的"鱼塘"。

当我们建立起自己的"鱼塘"以后，我们可以不断挖掘吸引人且有诱惑力的单品或套餐，不断地优化自己的朋友圈，就可以不断地倍增转化率，提高营业额。

> 案例：甜品店是怎样做引流活动，获取大量粉丝顾客的？

之前，有个甜品店老板向我倾诉，店铺近年来引流顾客越来越难，同行之间竞争压力越来越大，店铺都快做不下去了。我给他提了一个小方案，果然不出三日，营业额迅速翻了倍，本地精准粉丝增加一千多人，会员充值人数近三成，门店流水增加一半！

那么，针对这家甜品店，我们是怎么做引流营销的呢？具体营销方法如下：

以微信群方式推出"1 元送 15 元。"活动，进群的顾客，还可参与 1 元秒杀抽奖活动。在不懂营销的人看来，这种活动一旦开启，必然赔本！

其实，这个活动不但没有亏本，反而吸引大量顾客进群。群里的抽奖活动，引导中奖顾客进店领取礼品。绝大部分来领礼品的顾客，都会停下来购买一些甜品或者充值会员。

这次活动的主体核心就是引流顾客，目的是寻找有消费需求的顾客和排除不精准顾客，给予顾客一次体验，吸引到店后产生复购。

通过"引流＋截流＋回流＋现金流"的模式，准确地定位顾客群，实现店铺的持续发展、持续盈利。

我们现在来拆解一下这个案例：

首先用"1元送15元"甜品做活动引流顾客，建立潜在顾客"鱼塘"；然后充值xx元送甜品大礼包，将潜在顾客转化为付费顾客；后端持续引导顾客复购，将顾客变为店铺"粉丝"！消费＋送礼相当于做吸粉引流；消费＋秒杀促进成交；消费＋抽奖可提升价值；消费＋裂变（裂变传播让顾客心甘情愿地消费）。

那为何要设置1元活动呢？因为人们潜意识通常会觉得1元就相当于是免费一样。但是如果以直接赠送的形式给予，顾客又不会重视珍惜。1元活动，要的不是1元钱，而是顾客付出的行为成本，从而产生轰动效应。

1元活动的开启，使得商家与顾客在线上建立联系，从而吸引顾客到店，还成为微信好友，为后续的朋友圈营销和裂变做准备。

简单来说，日后商家的朋友圈广告、特价产品活动都能被大部分顾客再次看到，从而达到了锁客复购的目的。

想要进行大规模地推广，又不知道顾客是否会接受。这种情况下就可以用精准"鱼饵"赠送，抓到种子顾客，然后再进行"病毒式"转介绍。

例如：第一批的种子顾客拿着1元兑换券进店消费，可免费兑换15元的甜品。

当顾客进店的时候，再给他们抛出一个无法抗拒的活动，"凡是邀请本地6个好友进群，现场还有大批礼品赠送，群里还有令人心血沸腾的秒杀活动"。

当顾客成功邀请进群后，要经常与他们互动交流，培养一定的顾客信任度。了解顾客想要的是什么，然后有针对性地分类推广。反之，频繁发布顾客不感兴趣的内容，还会面对客流的缺失。毕竟，知己知彼才能百战百胜！

在这里，我们需要注意的是，不要一下子将一千张卡券送出去，可以先送100张，而且15元甜品的成本也不多，比起印刷广告有效多了。

1元兑换券的主要客流量渠道是年轻消费者，顾客来到你这里来只要支付1元钱就可以领15元的甜品。

5. 商家联盟引流

这个活动就是和其他商家一起合作做促销。通过设计好的"鱼饵"，送给合作的商家，引导合作商家的顾客到自己的店铺来消费，商家联盟的效果也是比较好的。

前面也有介绍过一个案例：有个商家他利用八步营销流程成功建立自己的"鱼塘"后，再把这样的模式分享给身边的朋友，让大家先一起做大自己的"鱼塘"，然后利用赠品方案互相导流。因为这些商家互相之间不是竞争关系，但是顾客可能都是相同的一批人，所以一个顾客可以是多家店铺的消费者。

只要在A店铺消费满88元，立即送一张B店的招牌菜优惠券，拿着这个优惠券去B店可以免费吃B店的招牌菜。就这么简单的一招，帮助他们各自提升30%以上的营业额，效果也是非常好的。

又比如设计"原价68元的吊烧鸡，现在仅需6.8元一只"的优惠券发给附近商家或店铺，只要在他们店里消费满XX元就可以送一张吊烧鸡的优惠券。

如果你采用商家联盟的方式去引流，一定得是顾客在联盟店铺消费一定金额以后才能赠送，而不是跑到大街上随便派发。人都有一个心态，轻易就能获得的东西是不会珍惜的。这样做的好处，也可以帮助联盟商家做业绩。

另外店铺自身的自然流量的新老顾客这一块其实也是一个非常好的客流量渠道，因为这些人群是非常精准的，那这里就需要加入一些营销策划方案去引导这些新老顾客去裂变或者回头消费。

上面提到的代金券，就是一个很好的回头消费机制。在自己店里消费的顾客，买单后立即送上招牌菜优惠券或者代金券（比如：消费 300 减 50），促使他下次还过来消费。

目前很多商家都在用这种方式方法，效果也是非常好的。很多人都有不想浪费的心理，类似于会员卡的充值金额，当下次要找饭店吃饭的时候，自然就会想起我们的店铺。因为还有钱在这里，优惠也就是钱。

制作出一个超级"鱼饵"，找到一个"鱼塘"把"鱼饵"抛下去，只要足够有吸引力，鱼儿都会来你店里消费。

案例：餐厅如何利用"9.9 元吃田鸡"爆品引流活动，挖掘顾客价值

我有位朋友之前开了一家新餐厅。他有十几年餐饮经验，所以也积累了部分顾客资源，偶尔也会准备一些折扣送礼的活动，但奇怪的是，新店的生意就是不太好。

走投无路之时，朋友联系我为他策划一个新店的活动，活动实施后效果显著。活动的具体设计是怎样的呢？下面为大家详细讲解一番：

①用"9.9 吃田鸡煲"做爆品引流。

第 3 章　引爆客流营销八步之第二步：精准引流

由于当月 10 号是这家店的周年庆，所以这是可以很好利用的话题。于是围绕"回馈新老顾客"的主体定制了一篇软文。"转发周年庆活动内容，并附带餐品图片，即可享受 9.9 元吃价值 99 元田鸡煲一份"。

在当地，田鸡煲是一个特色产品，绝大部分的人都爱吃。所以以田鸡煲来做引流主张，然后借助好友、亲人、粉丝顾客做大量的宣传造势。活动一经转发，订单火爆。

但由于预订周年庆活动的人数可能较多，所以得在活动上附上一些注意事项：

"如果因为人太多，不想浪费时间排队，又或者临时有事情无法到来的朋友，可以选择无损失退款，还能领取一张 60 元田鸡煲抵用券，有效期长达 20 日。"

通过这样的设计，既让顾客有了更多的选择，也不会造成顾客的流失。

②异业联盟，持续引流，场面火爆。

用"田鸡煲活动"包装成引流卡，然后到店铺周边的服装店、奶茶店、饰品店等商家商谈合作。

首先，可以和这些商家们说："我们店将在 10 号做一次周年庆活动，9.9 元即可获得价值 99 元田鸡煲。我放一部分在你这儿，只要在你店消费满 99 元，你就送他一张卡，这样也能帮你提高商品销售额，不知道你是否感兴趣合作一番？"

这样一来，很多商家都爽快地答应了。

就是简单地通过这两步，餐厅成功打响名气，而且不断引流裂变新顾客进店。

案例：蛋糕店如何通过产品包装引流，做会员充值活动？

一家位于永州的老字号蛋糕店，前些年的经营状态红红火火。但由于近年来很多同行店铺如雨后春笋般迅速成长起来，导致店铺客流稀疏，生存状态堪忧。面对如此状况，店主急忙找到我，希望我能让他的店铺起死回生。其实蛋糕行业本身利润就比较大，一个价值68元的生日蛋糕，原料加上盒子等开销的成本大概也就在20元左右。

老板也表示："如果能吸引到更多顾客，就算每个降价20元也愿意。"其实，这何尝不是大众所想呢？

我笑道："其实每一家都想打这个如意算盘吧？"对于他的这种说法我也不反对，但他的店铺情况最先要解决的问题是：顾客进店率不高，没有一个很好的引流留客策略。

最后我结合店铺经营情况为他设计了这样一个组合方案：

挑选成本低、卖价好的小蛋糕"金龟子"作为引流产品，然后设计一张价值18元的礼品券，可用于兑换一个"金龟子"，分别赠送周边客流较多的平价超市、小吃店等，各家店铺可用这些卡券回馈顾客。当有人拿着礼品券来店领取"金龟子"蛋糕的时候，可以拿出一个早就准备好的登记本说："您好，由于您是xx店推荐来的顾客，除了能免费领取'金龟子'蛋糕，还能享受一个额外的特惠。在本店充值3元成为会员，以后在本店购买生日蛋糕的时候可抵30元，每次可抵10元。同时将根据您性别和年龄赠送价值28元精美生日礼品一份。本店也算是老字号了，不管是口味，还是卫生状态都广受好评。之前也有许多和您一样的顾客已经成为会员，还可提前订购或者送货上门哦。"

就通过这样一个话术，截止到活动结束，总共有304位顾客过来领取，会员充值人数有278人。当天，除去顾客充值的钱还获得5000多元盈利，和平时相比，翻了五倍！

我们来回顾下刚才分享的蛋糕店"改造"案例中的一些小策略：

①打造一款高价值引流产品，将低成本的"金龟子"蛋糕塑造成价值18元的蛋糕。

②异业联盟战略，将蛋糕包装成一张礼品券去赠予他们的顾客，可提升好感度、信任值，给予他们额外的惊喜。

③同顾客成交的时候引导他们办理会员卡。顾客领取礼品的时候告知顾客3元会员充值活动，充3元抵30元。凡是今后在本店订购生日蛋糕即可使用。

④锁定顾客，让顾客记住店铺。成为会员后，顾客生日当天即可获得价值28元的精美礼品一份，让顾客惦记着有这么一份惊喜。顾客生日当天可发一条消息通知顾客，增加顾客好感度。

6.团购平台引流

最近很多餐饮店商家都在抱怨团购抽成佣金太高了，严重减少了自己餐饮店的利润。基于目前这样的情况，我们可以换种思维，比如利用小卡片吸引点外卖的顾客添加我们的微信后，利用团购的外卖流量来搭建自己的私域流量池。

等积累的顾客数量达到一定程度的时候，完全可以推出自己店铺的外卖平台小程序，或者直接让顾客在私人号上订餐，还可以引导这些顾客帮忙裂变更多的精准顾客。这不但可以获得更高的利润，最主要的是还可以获得一批忠实的顾客粉丝不断产生复购。

根据引流数据优化客流量

这些团购平台的流量是非常大的,只要我们打造出一个爆品,放到团购平台上,每天都会有不少的订单。如果你仅仅是为了销售产品赚取微薄的利润,那可能赚不了多少钱。但是如果你是以精准引流的思维去做这件事情,那么这些精准流量将为你带来巨大的后端利润。

如果你想要更多的鱼儿过来消费,那么你就要懂得持续优化整个客流量流程!像刚才说的,找到对的引流的方法至关重要。前面说的传单,这个传单设计得怎么样、套餐吸不吸引人、派单员的热情及话术、方式等都会直接影响到引流的转化率。因此找到引流的方法后,就要懂得怎么去优化它。

优化前还是要多想这些问题:是否引起了顾客的食欲?是否抓住了精准顾客的吃货心理?是否能引起顾客的好奇心?是否能引起顾客的传播以及转发?是否能让顾客看到后立马采取行动?这些都是优化客流量的细节所在。不管是发传单也好,还是设计其他的活动也好,这些细节都是要持续优化下去的。

很多时候在街上接到那种密密麻麻全是字的传单时，大部分顾客都是看一眼就直接丢到附近的垃圾桶了。

为什么？因为这种传单压根就没突出任何亮点，最主要的是顾客觉得拿到这个传单，为什么要花时间去看这些内容呢？对自己也没有什么好处或价值？

所以不管是广告也好、传单也好或其他营销手段也好，一定要懂得抓住顾客的需求。你能给他什么价值，这张传单就能给你店里产生什么价值，一定要塑造好店铺最突出、最亮眼的地方，让顾客第一眼看到就被吸引！

传单制作好，引流的渠道非常重要。比如一家餐饮店，在正门派1000张传单就有10%的人到店，每人带来50元的营业额，那如果你在侧门、东门、西门各大门都分别派一个传单员去呢？在放大了引流渠道的同时，也就等于倍增了客流量。

如果你觉得公众号平台效果好，那就多找几个平台去投放；如果觉得异业商家联盟效果好，那就多去找其他商家合作；如果觉得微营销活动效果好，那就不断玩新花样新活动！选择好渠道再进行优化，加大投入量，就能达到在最省的成本下获得最大的收益。

Conclusion

本章总结

请记住：你所想要的潜在顾客，都已经在别人的"鱼塘"里。只要你能找到这些和你餐饮店符合的并且不是竞争对手的"鱼塘"主，就可以通过一些利他的合作方式，把潜在顾客吸引到你的"鱼塘"里。大家一起共享这些精准的目标顾客，实现共赢。

通过这一步骤，你成功引流到了顾客，那么，接下来我们是要同他们成交吗？不是的，我们下一步要做的是与他们建立信任度。因为，如果顾客和你之间没有任何的信任度和感情，他为什么要掏钱去购买你的产品呢？

第 4 章

引爆客流营销八步之第三步：培养信任

本章内容

- 如何打造高成交率的私域流量池？
- 如何打造高成交率的"鱼塘"？
- 微信朋友圈如何发更吸引人？
- 如何掌握微信朋友圈发布时间？
- 微信客服号如何打造才能让顾客百分百信任？
- 微信朋友圈如何打造才能让顾客立即付款？
- 如何搭建好自己的"鱼塘"等待精准顾客来成交？
- 如何建立高质量社群，与顾客建立更高的信任度？
- 大妈的餐饮店是如何通过微信"鱼塘"实现盈利的？
- 90后老板是如何巧妙地同顾客打好关系，轻松揽客上千的？
- 如何通过微信完成餐饮店每天厢房爆满的预定？

本章目的

让所有学员都有私域流量池的概念，微信好友，就是你的银行卡；微信朋友圈，就是你的取款密码；好友对你的信任度，就是你最大的财富！所以我们一定要打造好自己的朋友圈并且服务好每个顾客，才能实现第一次成交，并且还可以不断地引导这些有信任度的顾客重复消费。

▶▶▶

个人微信号是建立私域流量池、沉淀粉丝、培养顾客信任度最好的工具。如果你想在不增加广告费的情况下不断增加收益，那么你就一定要利用好个人微信号去建立属于自己的私域流量池。

当我们引流到微信个人号的时候，一定要先布局好私域流量池，比如餐饮店老板每天在微信朋友圈更新自己的创业故事、店铺情况、厨房卫生、新菜上线、整个菜品的真实制作过程，让顾客感觉卫生新鲜，而且还能感受到店铺每天爆满的真实现状。

很多内容只有当你借助微信朋友圈秀出来的时候，才能让顾客感受到真实，对你产生信任度，并且有欲望过来尝试消费。

例如之前给水果店设计的朋友圈优化方案就是，店家每天给顾客的感觉都是满满的正能量，每天都会更新一些店主的创业故事、挑选新鲜水果的现场视频、顾客到店购买的火爆视频、新品水果到店的抢购现场等等，越真实信任度越高。

如果你不懂得优化朋友圈，可以直接关注"店豹"微信小程序，里面有很多已经写好的朋友圈文案直接修改就可以使用，简单方便而且文案质量高，非常适合刚开始经营但不懂得写朋友圈文案的商家。

我曾经看过一个公式：你的财富规模 = 顾客数量 × 信任程度。意思就是说：如果你想增加收益，要不就提高顾客数量，要不就提高他们对你的信任度，因为信任度直接影响转化率。

在移动互联网不断发展的时代，衡量有效顾客数量的依据就是你有多少微信好友。也就是说，如果你有3000微信好友，那么你就有3000个顾客等待你去开发维护。

培育顾客的过程就是培养信任度，培养信任度最好的工具就是微信朋友圈。

第一，微信是沉淀数据库最好的工具

通过前面的几个步骤打造好了"鱼饵"，抛到了其他商家的"鱼塘"里后，肯定会有很多"鱼儿"加你的微信。加了微信以后，你朋友圈的展示内容就至关重要了。顾客就会根据朋友圈的内容去判断菜品的可信度和你店铺的真实性。

很多商家的微信号基本上就是自己日常使用的个人号，朋友圈很少有介绍自己店铺的内容，有些商家的个人号可能没几条朋友圈内容，要不就是发了很多鸡汤文，甚至有些还会有一些自己的负面情绪的内容。

当顾客看到这样的朋友圈时，他对你的信任度几乎为零，所以你们就会发现，加进来的这些顾客很多都是不说话的，当你主动想和他们聊天的时候，却发现已经被他们删除好友了，因为他们根本就不会有欲望再去你店里消费了。

在这里，我们一定要有"建立鱼塘"的概念。微信就是一个"鱼塘"，好友就是你的鱼儿。你要想这些鱼儿在你的"鱼塘"快乐地生活，并不断地给你创造价值，那么你就必须要提供好的生存环境、优质的水源给这些鱼儿。要不然谁也不想在你的"鱼塘"里面待，到最后你的好友就永远都是那么几个人，而且基本都是不活跃也难以转化的好友。

所以，建议大家去抛"鱼饵"之前，一定要先打造好个人号的朋友圈。比如多放一些餐饮店铺情况、菜品情况、厨房环境等内容，也就是准备好有优质水源和生存环境的"鱼塘"迎接即将到来的鱼儿。

如果是等鱼儿来了以后才去改善这些生存环境，就会导致有大部分的鱼儿刚进来就会选择离开。那你前面所做的所有努力就会白费一大半。特别是你花钱才能在其他商家的"鱼塘"里面打广告，如果你不会珍惜进来的这些鱼儿，你的钱就白花一大半了。

案例：宝妈如何利用朋友圈引爆利润

有一个商家，是位年龄较大的宝妈，对营销不是很了解。但是她很多老顾客都是在微信上订包厢吃饭的，而她并没有做什么营销活动，每天光靠预订的顾客就已经满客了。

后来我发现她家生意火爆的秘密就藏在她的朋友圈里。她的朋友圈主要就是更新顾客订台、订包厢的聊天截图；顾客直接微信转账付款的微信截图；顾客当面录制赞扬她们家菜好吃的小视频。

她告诉我，每张桌子她都会送一些菜和饮料酒水给顾客，然后就和这些顾客说："大家能帮我个忙吗？我录个视频发朋友圈，可以吗？"

虽然有大部分的顾客都拒绝了，但还是会有一些顾客愿意帮她录制这个视频。虽然每天只能拍到 3~5 个这样的小视频，但在朋友圈展示完全够了！那些拒绝的顾客，她也还是一样微笑地招呼，而不会说不帮忙录制就给脸色。

就通过这样的朋友圈营销方式，她们家店铺基本上都是每晚爆满。当然她家的菜品也确实好吃和吸引人，每个月都会上新菜式，不断变换新颖的做法来留住顾客和促进这些顾客重复消费。

第 4 章　引爆客流营销八步之第三步：培养信任

建议大家，每天朋友圈都要发 10 条以上，以增加曝光率。但发朋友圈并不是发广告，毕竟谁都不喜欢天天刷屏的广告，而是要发一些能展示店铺情况和个人生活的内容。例如店铺环境、厨房卫生环境、服务态度、精神面貌、菜品制作过程、食材新鲜度、店铺火爆场面、微信转账订单截图、顾客见证视频或照片、个人生活感悟等。

建议营销前期，这九类朋友圈，每天都必须有一条。只要你坚持去做，虽然可能很多好友没有点赞或者评论，但是他们都会通过你朋友圈对你的店铺有一定的了解。当你再进行追销或者做促销活动的时候，这些好友就会出来了。

尤其是店内卫生环境，是大家关注得最多的，拍几张漂亮的店铺照片，然后配上下面的这段文字：感觉今天的环境卫生好很多，感谢清洁阿姨的辛勤付出，接下来的日子里，我们要继续保持这样的卫生状况，坚持营造让顾客吃得安心，坐得放心的干净环境。

还可以找几个角度拍几张非常干净的厨房环境并附上以下文字：一直以来我都非常重视厨房的卫生，不容许有任何差错，对厨师的要求还是比较严格的，平时也都会留意厨师的一举一动，时刻保证菜品的干净卫生。

另外服务员的状态、菜品的制作也都是大家关心的内容。可以拍几张服务员的照片或者合照并配上：今天突然发现，当初自己没有选错工作服，现在越看越好看，而且个个穿起来都非常有精神，希望这些小伙伴都能认认真真服务好我们的顾客，大家有什么意见或者建议也可以直接留言！

还能把一个招牌菜的整个制作过程拍摄下来说：这个是我们招牌盐焗鸡，从鸡的成长环境、喂养食物、到整个宰杀过程再到制作过程，都是严格把关的，我们不一定注重价格，但一定会注重品质！请朋友们放心食用。

其实发朋友圈不难，只要记住不要发广告型的朋友圈，而是生活类的朋友圈。因为你是店铺老板，你的分享内容就是你的店铺，你的菜，你的整个生活环境，但一定不是广告！如果经常刷屏广告，就等于是经常把臭水沟的水引到你的"鱼塘"里面，很多鱼儿都会受到污染，大部分都会选择离开。

朋友圈的文字最好不要超过50字，尽量不要让文字折叠。图片尽量用3、4、6、9张的排版格式，这样发出去的朋友圈排版比较整齐好看。

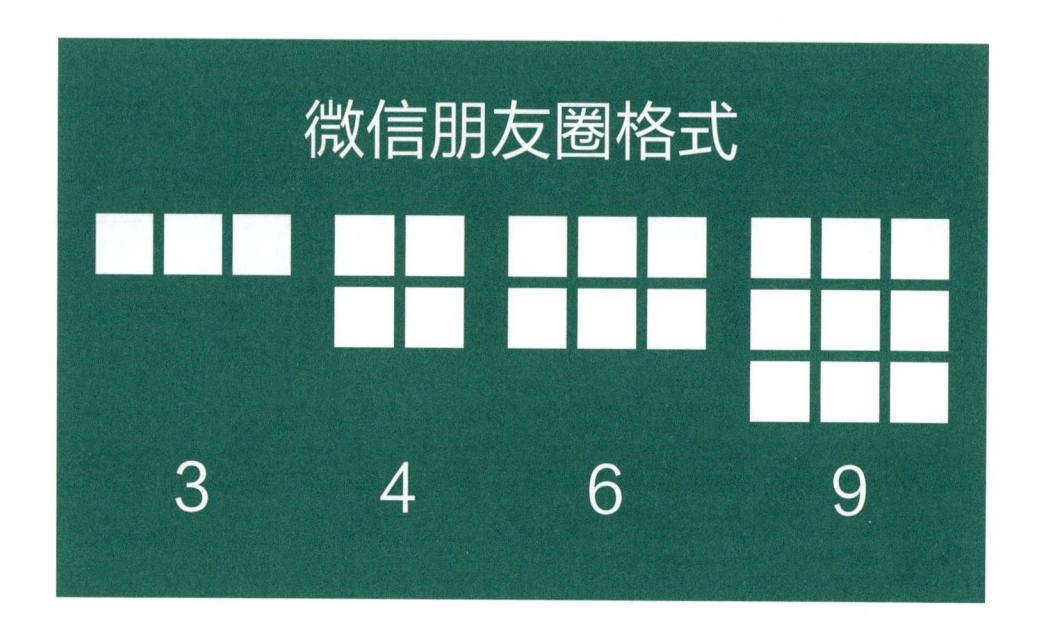

第二，掌握微信朋友圈发布时间

一般我们发朋友圈的频率是每隔30～60分钟一条，具体时间点要根据你的店铺情况和好友翻看朋友圈的时间点来定。只要你坚持发朋友圈，就可以掌握好你的顾客较活跃的时间节点，比如上午11～12点，下午5～6点或者6～7点。这三个时间段一般都是餐饮行业最好的发朋友圈时间段。因为这些时间段正好就是顾客在选择去哪里吃饭的时候。

与顾客互动的方式有很多

比如可以让顾客帮店里的新菜品取名字,一经采纳的将获得奖金;或者点赞第几名可以获得免费的新菜;可以让顾客参与餐饮包厢的设计和装饰摆设,听取顾客的建议,一经采纳的将获得奖金等等。这些都是可以增加和顾客的互动性,提高信任度。

这样一来,顾客带朋友过来消费的时候,就可以和朋友炫耀说某道菜是我帮这家店的老板取的名字,这间包厢是按我的想法去装饰的等,可以增加顾客进店复购的几率。

案例:土菜馆通过社群提高顾客信任度,引流锁客

有一家土菜馆,做的当地菜很正宗,口味不错,但碍于地理位置,比较偏,生意一直不是很好,加上老板使用传统的宣传手段,投入成本高,收效甚微,而且单靠老顾客口碑推广也太慢。

好在老板平时也是个上进爱学习的人,思维比较活跃,乐于接触新思想、新模式。在经过系统地学习营销模式后,总结出了一套适合自己店铺的"社群营销技巧",硬是把这个地理位置偏僻的菜馆经营到每天生意爆满。

第一步:在店门口摆易拉宝广告,广告内容是"微信百分百中奖,送精美小家电"。这个易拉宝一摆,很多路过的客人都被这个活动吸引进店去了解。

另外店门口也摆放着这个活动的奖品,除了一台价值200元的家用小型吸尘器以外,花生油、大米等常用的消耗品也在门口展示。当有中奖的顾客在领取奖品的时候,便安排店员为顾客拍照,这些也是吸引路人目光的一种方式。

通常这个时候,会有顾客来询问在做什么活动。此时服务员便上前,按照排练

好的话术介绍说:"只要您进店消费满168元,就可以获得一次抽奖机会,是百分百中奖的。"

当顾客消费结账后,将收银条交给门口的工作人员,工作人员便会出示一个二维码让顾客扫码。这个二维码是一个群二维码,在顾客扫码的同时,工作人员也会告诉顾客,在第二天的晚8:30,餐厅老板会在群里发红包。并且在进群后会有公告显示:按抢红包的金额进行排名,红包金额第一的是一等奖,可获得价值200元的家用小型吸尘器;以此类推,接着就是二等奖、三等奖等等。

除了设置大额奖品外,还可以设置一些餐厅的代金券、菜品抵扣券和折扣抵用券等,让所有人都能得到奖品,相当于是锁客的一种手段。

因为红包金额都是随机性的,让顾客相信你这个店没有暗箱操作,活动都是真实有效的,大大提升了顾客对店铺、对老板、对活动的信任度。

第二步:提前告知中奖的顾客,这些奖品都是需要现场领取的。这样设计的一个好处就是,顾客来领取奖品的时候就会顺带在这家餐厅吃饭了,因为地理位置比较偏僻,极少数人会专门跑一次领奖品。

顾客有奖品领,餐馆有生意做,门口来领取奖品的顾客又帮助制造了声势和气氛,可以说是一箭三雕。

最妙的还是老板使用了"加微信群抢红包"的抽奖方式。因为加了微信群,所以给了老板一个最快速方便的通道,可以随时联系到这些顾客们。最直观的一个方面就体现在餐馆有什么优惠活动,第一时间就可以群发到微信群中给到顾客,效率极高。

第三步：老板在群里发布新活动内容。新活动内容为：土菜馆喊你上门吃霸王餐了，请转发此微信群二维码和两张图片到你的朋友圈。朋友圈集赞数量为30以上，可获得150元霸王餐一份；集赞数量为30以内，可获取50元霸王餐，不得低于3个赞。

除了在微信群发活动内容以外，朋友圈也是不可忽视的"战场"。这时文案就很关键了，这家店的朋友圈文案：XX土菜馆店又搞事情了！扫描加微信群，不仅有红包抢，还有各种抽奖，百分百中奖，不要白不要！

这里要注意下，集赞不是营销的最终目的，这个活动的最终目的是要老顾客的朋友圈内容有人看到，并且引起其他人扫群二维码进群。这等于利用了老顾客的朋友圈，吸引新的顾客来消费。

所以，通过这个案例大家可以懂得信任度的重要性了吧？因为老顾客信任你，所以你的活动他们会积极参与，而且我们还可以通过老顾客的朋友圈进行新的引流，促进新的成交。

第三，微信号IP的打造

在打造微信号IP的时候，要设置一个吸引人并且真实的创业案例故事。只有故事才是最能打动人的，让更多的人知道你是如何起盘开这家店的，利用你开店的情怀去引起共鸣，并且让更多的人认可你，这样有利于传播。

我相信每个开餐饮店的商家都有一段不为人知的艰辛过程。只要你把这段过程利用朋友圈真诚地展示出来，就可以获得大量顾客的好评。随之而来的就是大量的忠实顾客到你店里消费。因为现在做任何生意，顾客关注的更多的是人，而不单单只是产品。只要让顾客觉得你这个人靠谱，自然而然就会觉得你的产品也靠谱。这就是人性。

第四，微信私域流量池的重要性

你一定要清楚地明白下面的道理：

微信好友，就是你的银行卡！

微信朋友圈，就是你的小取款密码！

好友对你的信任度，就是你最大的财富！

所以，千万不要去做伤害你微信好友的事情，而是要真心诚意地去提供更好的服务，打造更好的"鱼塘"生存环境。只要微信好友信任你，他们就会持续到你的店铺去消费，而且是"越消费越贵"，为你贡献的价值也会越来越多。

国外曾经有个营销大师说："我有4000多个顾客，从2004年起，每当我想赚点钱的时候，就设计一个让顾客无法抗拒的成交主张向他们促销一下，然后在短短的几天时间内，就可以获得大量的现金。"

所以我们要清楚地知道：新顾客，是餐饮店利润的来源；忠实的顾客，是餐饮店持续增值的利润。而忠实顾客的衡量标准，就是有重复消费的人群。忠实顾客之所以愿意重复消费，就是因为他们相信你。所以，顾客对你的信任度就是你的财富。

信任度来源于认知度，所以在赢得顾客信任之前，要广而告之，优化出最吸引人的"鱼饵"，想办法寻找更多的"鱼塘"去投放，引导更多的顾客添加你的微信，进入你的"鱼塘"，然后再不断地培养对你的信任度。

当你需要店铺火爆并且赚钱的时候，就可以向"相信你的微信好友"促销一次。这样就可以轻松地获得利润，无须任何其他广告投资，也无须冒任何的风险。由这些相信你的微信好友所组成的数据库,也就是你的"鱼塘",就是你的私域流量池。

> **案例:火锅店老板通过社群营销,从亏损到每月盈利!**
>
> 先说明一下这家火锅店的情况。这家店位于一个居民区附近,大部分顾客都是附近的居民,当然也有外来的人群,但是不多。刚开始的时候,生意还是很不错的,但是慢慢有其他火锅店开了起来,顾客的选择多了,这家火锅店的客流量也就被分走了大半。
>
> 老板一开始为了挽救客流量,也用过一些传统的营销手段,例如:找人去派发宣传单,将菜品包装成赠品,找兼职摆易拉宝做活动等等,但是效果并不理想。
>
> 上门的客流量依旧时多时少,不稳定,回头客也很少。虽说是做了活动,但是商家最终的行为还是在等待顾客上门,结果损耗太高,加上租金等固定成本巨大,难以继续维持。
>
> 像这样用传统营销活动的商家太多了,顾客对于这些促销活动也是越来越麻木,老板也只会利用微信进行收款,并没有利用这一点来积累顾客建立私域流量池,手里没有忠实顾客。
>
> 在一次机会下,老板学习到了经营火锅店的最新营销思维,给自己打造了一个专属自己的营销方案,业绩大幅度提升。
>
> 这家火锅店的老板家里一直就是从事火锅的,火锅的底料都是他自己研究出来的,比较独特。这也可以算是他的一大优点了,所以老板就以这一点,聚集粉丝,进而挑选精准粉丝,进行微信群裂变和变现。
>
> 第一步:老板首先建了一个微信群,但为了吸引上门消费的顾客进群,老板设

计了这么一个进群话术：您好，现在我们火锅店有一个活动，只要加老板好友并进入火锅店微信群，结账可以立马享受8.8折优惠。

第二步：每当有一个新顾客进群的时候，老板就会在群里发一段欢迎新成员进群的内容：欢迎加入XXX火锅店顾客专属微信群，加入本群的所有顾客上门消费都可以享受8.8折优惠，感谢您的支持！

说完这些，就可以在群里针对人数发放小额红包了，并说明，只要群里每增加10个成员，就会发放1个大红包。

第三步：老板在群里，除了日常发些红包之外，还需要时常活跃群里的气氛，和顾客沟通说话，提升群活跃度，避免群变成"死群"。

还可以时不时地挑选火锅配菜，在群内以"秒杀价"的活动形式发出，吸引顾客时常参与活动保持活跃，提高对店铺的信任度。

老板还通过分享火锅底料的一些内容，提高老板的专业存在，进一步增加群成员黏性，打造老板个人IP，吸引顾客变粉丝。

第四步：当群内的顾客对老板都有了一定的信任度和忠诚度的时候，就可以挑选一款店内当下最多人点的配菜，以"拼团"的活动方式试水，价格控制好，要有充足的吸引力，不仅是为了维护群的活跃度，也是为了进一步筛选高活跃高忠诚的顾客，从而展开下一步的"合伙人"方案。

第五步：通过这段时间对群内的活动的观察，就可以看出哪些群员的活跃度较高，参与度较高，这时可以单独给这些顾客发消息：您好，感谢您对xxx火锅店的大力支持！现在我们正在寻找"合伙人"，合伙人可以享受本店的超低价消费，推荐他人进店消费还可获得高额提成奖励。我们优先选择您作为合伙人代表，如您愿意，回复姓名＋小区，我们将为您进行登记。

第六步：在这个"合伙人"活动刚开始的时候，人数可以先控制在10～20个，同意之后拉群。

然后和这些合伙人讲解提成方案，并教他们如何在附近居民区和自己朋友圈做宣传，来获取顾客。这样，只要有三四个合伙人能做好这件事，老板都能裂变出几个新的群。

经过火锅店老板不断地细化微信群运营经营，使得这个原本不怎么盈利的火锅店发展到1天1万多的营业额。其中蕴含的关键，不知道大家看出来了没？1个人引流顾客进店消费，是比不过一群人的，这就是运用微信群营销的威力。运营好微信群能使传统商业模式中的"薄利多销"快速实现！

所以，只要正确运用微信群营销，不仅是老板赚钱，他还可以带动周围的人一起赚钱，顾客花钱也是觉得非常实惠开心的，简直就是三方共赢！

案例：饭馆老板通过和顾客"打游戏"，揽客上千

有家饭馆只有一个服务员，选菜、端菜上桌都需要顾客自己来做。你可别嫌店家姿态拽，有大把顾客愿意上门来。而且这家店里的大部分订单都是来源于微信，一个季度的收入更是有十几万元，他究竟是如何做到的呢？

这家店老板姓刘，一个不折不扣的90后，酷爱打游戏。这家饭馆从一开始的无人问津，到现在有源源不断的客流量，刘老板表示，都是靠微信救活的。

一进店，上楼的拐角处，就贴着海报大小的老板微信二维码，上面写着：扫码

加微信，一律 8.8 折。

刘老板还透露，店内 90% 的订单，都是从微信来的。店内服务员只有一个，而且还不负责端茶送水，只是收发菜单顺便兼职打扫清洁，在最旺的那个季度，一个月的流水能达十几万元。

刚开店的时候，刘老板对于营销这块也使用传统方法，例如：发传单、车载广告等等，但是却没有什么效果。这些传统手段不仅效果低，花费也大。原本门店就不大，周围还有好多大排档，难以吸引人的注意，眼看就要被逼入绝境的时候，突然就来了个起死回生的转机。

偶然的一次机会，老板学会了用微信做生意。虽然一开始只有几十个好友，但就是这几十个好友却让一道"黑暗料理"整整火了三个月。

在某一天，有一位顾客上门点了一道店里没有的菜"番茄炒丝瓜"，老板看着来之不易的生意，愣是让厨师做了出来，没想到味道非常不错，顾客大赞还拍下照片上传到了朋友圈。经过这样一转发，第二天就有人慕名来吃"番茄炒丝瓜"。

就是这么一道"黑暗料理"愣是捧红了他的饭馆，也让老板见识到了利用微信做营销的威力。老板说："爆点、爆点、爆点，不怕门店小就怕爆点少"。接着，老板就开始利用进店的顾客都扫码加他的微信享受打折的方式，累积了大量顾客，并且天天挖空心思想着如何运用微信和顾客玩互动。

运用微信进行社群营销的时候，老板总结出两点需要注意的事项：
①要有"特色"，不能随波逐流

玩微信，一定要有可持续的"特色"。例如这家饭馆的特色就是"江湖菜、爱打游戏"等等。所以老板确定了饭馆"特色",根据这个特色制定了一种用玩的方式,来天天送福利。

要真正和顾客有互动性,还是要靠私号"人格化"。老板和顾客互动的其中一招就是讲故事、写段子。他善于利用自嘲来逗顾客开心,每天段子不超过3条,绝对不打硬广,有时候他还像顾客一样去批评某道菜不好吃,将私号人格化。

②玩法

产品选择有很多,但是如果能给顾客带来快乐,才有机会变成首选,并且得是和顾客互动性极强的玩法。通过和顾客的玩乐互动,老板的微信好友在短短的半年时间里,就从一开始的几十人上涨到了几千人,并且盈利收入也是直线上升。

其中,玩法也分线上与线下两种。

(1)线上玩法一起打游戏,排名前三就送礼

这个私号不仅写段子故事,还喜欢打游戏。就用这个特点,老板邀约了微信里的顾客一起来打竞赛型游戏,每周公布刷新一次排名,超过老板的前30名就送开胃小菜一份,前三名免费送一道菜品。

这个活动玩法一推出,每天都会有源源不断的添加好友申请,并且实时有顾客来询问:老板,我今天第几名?

另外,老板每次研发出一道新菜品,都会在微信上发布征集菜名的消息。只要顾客取的菜名被征用,就会有一个超值福利:素菜在当月免费吃,荤菜则当月享受高额折扣。

(2)线下玩法:将菜单做成答题卷,点菜如同答题,增加趣味性

在设计线下玩法的时候，老板将菜单设计成了答题卷的样子：选择题是 12 道固定主打菜，顾客只需选菜画勾，简答题为配菜，顾客可根据店内黑板上每天提供的机动食材，随意搭配。答题卷上，老板友情备注：认真填写，可用拼音替代。

老板说，自从把菜单做成这种方式之后，很多顾客都会把菜单拍照上传微信。因为菜单很有意思，引发消费者的好奇心，因此会引流很多新顾客进店。

老板因为依靠微信订单，店里几乎不需要过多的服务员，顺势便推出实体"特色"，在墙上有两排歪歪扭扭的手书——论江湖，粗乱杂，请随意，莫客气，自己动，丰衣足。

为了鼓励这种自助服务，老板会送每位顾客饮料一份，相当于把节约的人力成本变成赠品。

看到这家店起死回生的成功，很多同行都询问这个老板其中的关键是什么？他随即答道：其实他也不懂什么特别的餐饮营销技巧，也没什么文化，但是他知道玩，现在什么都在娱乐化，餐饮行业也不例外。

虽然产品的好味道很重要，但要真正长期留住顾客，就要打破传统饮食习惯，让他们觉得上门来我这吃饭是一件好玩的事情。

案例分享：偏僻小道上的饭店

有一次，在外游玩时，开车经过一个特别的饭店。我们一行人在里面吃饭，发现这家店位置虽然非常偏僻，但是生意却非常火爆，饭点时几乎没有位置了。

我问老板："现在外面的餐饮生意都比较淡，为什么你这里还是这么旺？而且位置还这么偏僻？"老板如实地告诉我："现在餐饮行业在我们这样的小地方确实比较难做，而且我的位置又非常偏僻。我现在有固定的老顾客，每天通过微信订台、订包厢就行了，我们也经常上新菜式，一发到朋友圈就会有很多老顾客预订。"说完，他立马就叫我们所有人扫码加他微信，可以看看他的朋友圈，以后要过来吃饭可以直接微信上订。

现在，你看懂了吗？

只要你把顾客吸引到你的微信，在朋友圈持续增加信任度，那么这些顾客就可以为你店铺持续贡献价值贡献利润，就这么简单。

所以，建立一个属于自己的私域流量池，是有多么的重要，这个你一定要非常清楚。

Conclusion

本章总结

　　建立私域流量池，让来过店里的顾客都添加你的微信，在微信上培育他们对你的信任度，然后不断推出新菜式或者套餐引导顾客回头消费。就这么简单的三步，任何人去执行都可以产生不小的效果。当你与顾客之间有了相对频繁的了解和熟悉后，我们就可以同他成交了。但并不是说你随便打造一个活动，顾客就一定会参与购买，我们还需要抛出让顾客无法抗拒的成交主张，轻轻松松地就同顾客成交了！

第 5 章

引爆客流营销八步之第四步：快速成交

本章内容

- 如何设计让顾客无法抗拒的成交主张并快速成交？
- 一切不为成交的销售都是耍流氓！
- 怎么样的成交主张能让顾客立即买单？
- 为什么说零风险承诺是一个最好的策略？
- 饭店如何设计免费活动，轻松成交并盈收百万？
- 农庄是如何利用一个简单的成交主张爆满的？
- 引爆3000客流上门消费的烤鱼店，用了什么成交主张？
- 怎么样设计后端盈利产品才能让前端更容易成交？
- 如何制造稀缺性和紧迫感更有助于成交？
- 一个好的成交主张是由几大元素组成的？

本章目的

你所有的爆品塑造、所有的精准引流、所有的培养信任度，都是为了能同顾客快速成交而铺垫的。如果你不能实现快速成交，那么你就不可能有机会引导顾客进行下一步的复购，你之前做的所有努力就白费力气。所以，在本章中你必须学会如何设计让顾客无法抗拒的成交主张并同顾客快速成交。

▶▶▶

我们前面做的三个步骤，都是为了能同顾客成交。因为只有当你和顾客有过一次交易，才能根据顾客的情况进行下一步的复购设计。

一般，我们会从活动噱头、包装爆品价值、超低的价格、超级赠品、零风险承诺、限时限量这些重要因素去设计让顾客无法抗拒的成交主张。

这样做的目的只有一个，那就是让顾客无负担且爽快地掏钱购买，并且让顾客产生不购买就会吃亏的感觉。因为性价比实在太超值了。就像我们38元一个的榴莲，很多顾客都很后悔没有抢购到，然后强烈要求我们再次进货，都愿意先付钱给我们，等几天到货后再过来拿。

我们这一步的快速成交并不是为了赚钱，而是为了积累人气和口碑。同时也可以过滤一些更精准的顾客出来，为我们后期引导复购的时候提供精准的顾客画像。

第一，活动噱头

餐饮店做任何促销活动都必须要有一个噱头，总会有一个理由或者是原因，使我们的行为看起来很合理，很符合逻辑。其实顾客也一样，无论你建议他们做什么，你都要给他们一个合理的解释。

例如：某家火锅店开业要做推广引流，很多人就会选择朋友圈发活动广告这种宣传方式，因为它比较简单，而且效果看得见。火锅店打出的广告可能就是某某餐厅连续3日一折吃价值200元的火锅套餐。只要20元，这么大的便宜，人们很难相信就更难成交了，这时，你要做的一件事情就是解释原因。

这个解释原因你可以这样写：某某火锅店开业大酬宾，几号到几号，200元的火锅套餐，只要转发活动到朋友圈，凭转发页面截图即可享受一折优惠，且赠送饮料和果盘等，立即添加客服微信XXXXXXXX抢订名额。

你这样解释了之后，可信度变高了，人们的参与度自然也就会随之提高。凡事都要有原因，贵要有贵的理由，便宜要有便宜的原因，不然顾客会怀疑，一旦怀疑就会降低成交率。

第二，高价值

价值越大，顾客越容易下决心购买。关于包装价值这一块，在前面"打造爆品"的内容里也有提到，一定要塑造好爆品的价值，才能让顾客更容易付款。每个人都有贪小便宜的心态，所以你要让他觉得超值，这么好的产品不买就后悔。

比如一道酸菜鱼，一般的餐饮店只会说我们的鱼新鲜美味、肉质好，酸菜也都是新鲜的。但是实际上还得先包装价值，告诉顾客这个鱼是从哪里来的，生长环境怎样，吃什么长大的，有多新鲜，打捞的情况等等；还可以介绍酸菜是从哪里来的，如何采摘的，厨师又是用什么秘方如何制作出来的等等。我们需要尽可能地包装鱼和酸菜的原汁原味。

顾客了解到酸菜鱼的制作过程，自然在心中就会判断这道酸菜鱼真不简单，每一个环节都严格把控。这时候他的潜意识里面自然就会起到心理作用，吃起来也会格外美味。

案例：饭店免费吃烤鱼，每天引流近百桌顾客！

王老板在本地开了一家饭店，已经经营多年。最近饭店迎来了淡季，王老板就寻思着设计一个营销活动，提升下店铺客流和业绩。

王老板就策划了一个"免费吃"的活动。活动内容为：XX饭店周年庆，只要在周年庆期间内和三位好友一起进店消费，就能免费吃价值138元的特色烤鱼。

同时，还把这个烤鱼的价值塑造到最大，比如如何养殖的，有多新鲜等，还配上了十分诱人的烤鱼成品图片。除了自然的引流渠道外，王老板还把这个活动内容做成了小卡片形式，投放到了周围附近的所有非同行商家门店。通过这样的卡片投放宣传，每天都给王老板的饭店带来了近百桌的顾客。

可能会有人疑惑了，这样做活动岂不是要亏本？

这里就给大家解析一下，如果方案制定的是1个人上门参加"免费吃"那肯定是要亏的，但这里的条件是"和三位好友一起上门消费"才能参加这个活动。你想，4个人只吃一个烤鱼你觉得够吗？那肯定是不够的，但是4个人还点其他菜的话，4个人吃饭最少也得消费360元左右吧，那利润是不是就从这些"其他"菜里出来了。

所以这里就可以看出，这个烤鱼免费吃就是个引导顾客进店消费，然后我们同他成交的噱头。

做活动，一定要懂得抓住人性弱点来制定营销方案。王老板此次的烤鱼免费吃，是不是抓住了消费者心里的贪，让他占到便宜？然后再加上因为周年庆免费吃的原因，那顾客就很容易都参与进来了。

第 5 章 引爆客流营销八步之第四步：快速成交

案例：快餐店经营必看的两套成交秘籍，让店铺脱颖而出

李老板经营快餐店多年，随着周边竞争越发激烈，不得不逼自己去学习营销知识完善经营方案，李老板根据学来的知识设计了个营销方案，让自己的快餐店能够在众多商家中脱颖而出，我们来看看他是怎么做的？

第一步：打造爆品

首先从店里选一个日常人气高的快餐类型，例如香菇滑鸡、青椒牛肉之类的菜品。用香菇滑鸡举例，可以写这么一段活动文案：原价 25 元一份的香菇滑鸡快餐，今日特价，只要 10 元一份，每人每天限购 1 份，限时每天晚 6 点到 8 点。

这次活动的方向主要就是打造爆品引流顾客上门，抓住人们爱贪小便宜的心理，即只要看到这个套餐价格超值，就算没有需求也会有想买的欲望，觉得不占这个便宜就是亏的心理。

那为什么还要设计限时这个门槛呢？因为只有这样不断地提醒顾客，还剩多少份，才能更加激起顾客的消费心理，怕再迟一点就不能用特价买到了。

第二步：用折扣券锁定顾客多次消费

在顾客来店消费结账之后，送顾客一张快餐店的 10 元折扣券，并说明只要下次消费满 60 元就可以使用这张券抵扣，大部分顾客都不会拒绝这么一张抵扣券，并且还想多要几张。

看到这里，或许已经有很多人都能明白其中的关键了，通过便宜的"鱼饵"把顾客吸引过来，利用人们贪小便宜的心理，层层加码，让顾客抵挡不住这样肥沃的诱惑。其实快餐店的这种模式，不但可以用在快餐店上面，很多其他的餐饮店也可以考虑引用，先设计让顾客无法抗拒的进店理由，再设计顾客无法抗拒的优惠活动，黏住顾客多次消费，慢慢培养顾客的消费习惯！

第三，低价格

当你前面包装好了价值，现在再抛出一个让顾客无法抗拒的价格，那么成交就变得非常容易。假设产品价格是 100 元，顾客的行动力可能只有 10%，但产品价格是 90 元，顾客的行动力可能就有 20% 了。以此类推，价格越低，顾客行动力越强。

现在市面上那么多 9.9 元包邮的产品能销量那么高，就是因为商家包装好了产品的价值，让顾客觉得 9.9 元包邮非常超值。顾客立即付款也没什么压力。所以整个销售流程都非常流畅，销量自然就非常高了。

> **案例：引爆 3000 客流上门消费的烤鱼店，用了什么成交主张？**
>
> 曾总是一家烤鱼店的老板，烤鱼店位于一家人流量一般的商场里，店内有 9 个服务员 35 张桌位。
>
> 在烤鱼店刚开业的时候，曾总做过许多形式的活动，例如砍价、拼团、秒杀等。但是这样的活动，每次效果都不能达到预期，烤鱼店一直处于亏损状态。
>
> 好在，曾总是一个勤奋好学的人，在接触到一套社群盈利营销课程后，用所学的知识，亲自制定了最终方案：利用微信社群＋裂变＋超级爆款产品秒杀＋红包裂变，最终引爆客流拯救了烤鱼店。
>
> **第一步：微信社群裂变**
>
> 曾总手里有三个顾客群，是之前店铺在开业时积攒下来的，里面都是上门体验过菜品的原始老顾客，有基础信任，所以第一步就是要利用这些老顾客进行裂变。
>
> 曾总首先选择"68 元纸包鱼"这个产品作为爆品来进行引流活动。为什么会选择这个产品？因为这个产品一开始就是店里主打的产品，原始群的老顾客基本都尝过，知道它的优点。

活动内容为"邀请10位本地朋友进店铺微信群,价值68元的纸包鱼'免费吃'!"这个活动一推出,不到10分钟就开始有人进群,渐渐地,不到24个小时,两个群就有400多人了,另一个群300多人,到第三天三个群基本满员了,让三个群都满员用了不到100份烤鱼。虽然还有许多顾客想进群参加活动,但是曾总都没有再开新群。

第二步:当参与活动的顾客完成了活动指标后,就需要联系店员,提前预约上门时间,等顾客上门消费时,店员还需和顾客说明一个活动规则,就是纸包鱼上桌后需要顾客拍摄照片上传到群里。

这样做的目的其实就是要告诉群里的顾客,我们不是骗人的,这个活动确实是真实有效的,提高其余顾客对门店的信任度。

第三步:爆款秒杀,转化成交群内的顾客,引爆客流
有了新的顾客上门,那要怎么转化这批新顾客到群里呢?

首先,顾客要享用这个"免费纸包鱼"有两种方式:第一,就是邀请10个本地朋友进群;第二,可以选择不拉朋友进群,但是需要支付9.9元。两种方式,让顾客自己二选一参与。

对于9.9元支付获得赠品这一方面,曾总专门制作了一个"9.9纸包鱼"的活动链接,只要顾客点开这个链接就可以付款9.9参与活动。

只要有顾客对这个活动产生了兴趣,就会马上点开链接下单。曾总就是通过这种方式来快速成交的。

第四步:成交的顾客再接着裂变,把已下单"9.9元纸包鱼"的顾客再单独拉一

个群。为什么要这么做呢？目的就是要教这些顾客，怎么通过那个"9.9纸包鱼"的活动链接赚钱。

只要是通过他们转发的链接，有1个人购买，可以返3元；2个人购买就返6元；10个人购买就返30元，以此类推。就这个链接连续推广了三天后，其中最多的一个顾客就推广了将近百人购买。

第五步：安排顾客进店吃鱼

做到这一步的时候，就需要注意，当商家做这类活动的时候，将会引来非常大的客流，需要控制好这波客流，肯定不能让大家在同一个时间段上门。

如果店内接待不过来，就容易产生负面的消息。所以为了保证顾客的体验感，就需要做好分流。此时店家需要在群内告知顾客参与这个活动，要提前电话预约上门，通过预约这个方式，可以安排顾客分批上门。

第六步：留存锁客赚钱

大家都知道"9.9纸包鱼"是没有赚钱的，那这场活动利润点在哪里，要怎么赚钱呢？曾总设计了一套充值锁客方案！

通过会员卡充值，锁住顾客消费快速回收现金流创造业绩，先引导顾客进店之后，再引导充值来创造利润。

而且，这个纸包鱼同样也规定了要3人以上才能够免费吃，就算顾客进店不充值，也会有消费溢出。比如：用酒水、其他配菜等等来保证我们的利润，不会亏本。

第四，超级赠品

不管促销什么产品，我都建议赠送一些礼品，同时必须包装这些礼品的价值，因为很多顾客都是冲着赠品来购买的。没有经过塑造的赠品，就算是免费的，别人也不一定想要。

对于赠品这块主要分成两类：
①促进顾客立即付款的超值赠品

比如餐厅：现在充值或进店点餐可以立即获得一个价值 128 元的果蔬消毒机，市场价格确实需要 100 多元，但是你统一批发价格可能也就不到 30 元。类似这样的赠品在电商平台上有很多。

②促进顾客复购消费的回头赠品

比如火锅店：现在充值或进店点餐可以立即获得 10 斤牛肉，每次来可以免费吃 2 斤，这个就是最简单的回头赠品，顾客不来消费我们根本就不会产生成本。顾客过来消费了，肯定也不会只吃 2 斤牛肉，其他附带的菜品消费利润可以远远弥补我们这 2 斤牛肉的成本。但是对于顾客来说，真真实实地得到了实惠。

案例：西餐厅如何设计成交主张，让顾客抢着购买？

我有个朋友，盘下了一家西餐厅，干了不到一个月转让了。他和我说，在中国，做什么行业都不要做西餐厅，中国人不懂美食，只知道省钱！

我告诉他，如果你开西餐厅只是为了情怀那随便你，赔多少也没人管你。但是如果你是为了赚钱，只有技术是不行的，你需要会营销！不是中国人不肯花钱，是你没给足他花钱的理由。

如果你让他花 5 块钱，他还能赚回来 50 块钱，那我问你他会不会花这 5 块钱？

我朋友纳闷了,你扔出去了45块钱,这就赚钱了?

当然不是扔钱!

下面就和大家分享一个让消费者赚钱的同时,餐厅老板能赚更多钱的成交主张!

一开始这家西餐厅是做的美团生意,前两年还好,美团只收5%的提成。因为美团的好评引来的新顾客很多,所以这5%的提成,西餐厅老板就当是宣传费用了。但是从去年开始,美团平台提成升到了15%,西餐厅老板慌了。

而且他发现新顾客越来越少。因为实体店就是这样,你一般只能做3公里以内的生意,太远距离的顾客一般不会特意来这里。除非你的店开在翻新性强的学校附近,可能每过一年就会有一批新的顾客。但是这家西餐厅不是,这家西餐厅是开在居民区附近的商场一楼。

最终,西餐厅老板决定脱离平台,只做老顾客的生意。因为西餐厅老板添加了许多顾客的微信,所以联系起来比较容易。这时他可以开始做以下促销活动,活动详情如下:

①48元开通超级会员,免费送价值88元的9寸披萨10个,但是有两个要求,即每个月送一个;必须在店里吃,不许外带。

②开通会员的人可额外领取2张价值48元的超级会员卡,这两张卡由会员送给自己的两个朋友,朋友依旧可以持卡在接下来10个月来免费吃9寸披萨。另外,由自己送出的2张会员卡,凡是产生消费,开卡者可得到5%佣金,佣金返在顾客自己的超级会员卡里面,这个钱可以用来消费,也可以取现。

③超级会员转发活动到朋友圈，3天不删除，在下次进店消费时，可免费领取一杯鲜榨水果茶。

活动看起来并不能盈利，那又是怎么赚钱的呢？

①顾客开通一个超级会员48元，其实能抵消10个披萨的成本。

②他每次来吃披萨不可能只吃披萨，喝东西或者吃其他的东西还是会有溢出消费的。

③一般不会自己一个人去吃饭，来两个人一份9寸披萨是不够的。但是如果他来这家店请朋友吃饭会很有面子，为什么呢？因为他是超级会员啊，因为他有披萨免费吃的特权。

④额外的两张卡，超级会员定会找一个喜欢吃西餐的朋友送出去，因为那样他得到的返佣才会尽量多，这里的5%的佣金返还，其实就等于一开始上架美团时5%的提成，对不对？

⑤朋友圈是很厉害的裂变工具，所以拿出一杯成本不超2块钱的水果茶是绰绰有余的，但是西餐厅不会让你感觉他的水果茶仅值2块钱，一定要懂得包装价值，质量好、产品口味好、分量足等等。

第五，零风险承诺

只有真正对自己产品有足够的信心才更敢于承诺，顾客才更容易相信。零风险承诺是一个非常有效的策略，只要你明白里面的道理，灵活使用，你就会惊喜地发现成交率大大提高。

比如你的一个新菜上线，标上"促销价仅需 38.8 元，如果不好吃，退 40 元"这种广告语，这个就是一个典型的零风险承诺，甚至是负风险承诺，很容易帮助顾客下决定，能大大提高订单，但是基本上没有退货。因为一般的顾客都不会拉下脸和你纠结几十元钱的问题。

之前我们帮助过一家农庄做过这样一个策略：他们家有个新品上线，是厨师特意去外地学回来的一个新菜式。在这里建议大家多出去学习学习，把店铺的口味质量不断往上提也是营销很重要的一点。他这个新菜式就是纸包鸡，其成交主张是"28.8 元吃新鲜美味纸包鸡，不好吃立即返还 38 元现金"。

他为什么要这样做呢？主要就是为了让顾客知道，我对自己的菜品是非常有信心的，味道绝对没有问题。

当顾客看到这样的承诺，内心也会产生一个非常坚定的信念：他说的一定就是真的，不然的话绝对不敢做这样亏本的承诺。这个成交主张就会帮助顾客做出下单订购的决策。

最终他就利用这样一个简单的成交主张，让店里连续 10 天预订爆满，而且整个销售的过程中，没有一个退款。

虽然 28.8 元没有赚钱，但是顾客要过来吃纸包鸡，基本上都是 3 个人以上的，而且每桌的消费额都超过 200 元，这样算起来利润也不小了。

所以很多时候，我们要看到成交主张的本质，而不是只盯着表面的数字。为什么餐馆可以这么做起来？也是因为其有后端。最简单的就是很多顾客来都不会只吃一道菜，而是会带一帮朋友来点一桌的菜。

第六，限时限量

做任何活动时都要注意限时限量，不要让顾客觉得你低价的产品什么时候都有，而是要让顾客觉得这些产品是需要限时抢购的。这样才会激发顾客内心渴望低价获得产品的欲望，也容易让顾客快速下决心购买，因为迟了就有可能没有低价名额了，到时候后悔就来不及了。

> 案例：餐饮店设计限时抢购活动，轻松搞定成交！
>
> 首先我们先来谈谈限时抢购营销的几个好处：
>
> ①饥饿营销，激发顾客参与
>
> 限时抢购在时间和数量上都会有一个限制，这样会造成"供不应求"的假象，让顾客产生迫切感，从而引发购买的欲望。
>
> 与此同时，每个消费者都会有贪小便宜的心态，而限时抢购一般伴随着"低价、低折扣"进行，很容易吸引顾客的关注，达到商家促进消费的目的。
>
> ②帮助商家有效控制营销成本
>
> 在限时抢购这种营销模式下，商家能够很好地把握营销的成本以及让利额度。
>
> ③给顾客带来全新体验，扩大品牌知名度
>
> 限时抢购能给顾客带来全新的营销体验，除此之外，限时抢购的可控性增大了顾客的抢购率，并且会在顾客间不断传播，吸引更多新顾客到来，从而帮助餐饮品牌曝光率得到提升。
>
> 作为餐饮商家的我们应该如何设计和策划限时抢购的营销方案呢？下面通过一个餐饮店案例说明。

这家餐饮店开在湖南，店内的招牌菜是窑鸡。老板姓张，他在双12来临之际，借着双12的氛围，策划了一场抢购活动，吸引了上千人参与活动。张老板具体的成交主张是这样的：

第一步，设置抢购活动的产品和数量；
张老板将抢购活动的产品设置为店内的招牌菜——窑鸡，以35个"1元抢购窑鸡"，35个"6元抢购36元的代金券"的方式发放在朋友圈。

第二步，设置抢购活动的时间；
张老板把抢购的时间设置在12月12日的中午12点，这也就意味着，在中午12点之前，顾客只能看到活动，而无法进行购买（塑造营销氛围，刺激消费点）。

第三步，预热宣传活动。
在活动开始之前，张老板不断地通过微信朋友圈和微信公众号发布此次抢购活动的预告，不断引起顾客的注意，燃起顾客的抢购热情。

效果很明显，在前期的准备工作和造势结束后，在12月12日中午12点参与抢购的顾客数量就有上千人！

从这个张老板的案例中，不难看出以下几点：
相对于传统团购模式的不限量，限量抢购的营销方式不仅让顾客产生迫切感，也容易促进餐饮商家口碑的传播。不要小看这种口碑传播，它能加强餐饮商家的二次传播力度。同时，这种限量模式让营销成本和让利都能准确地掌控在餐饮商家手中。

相对于抽奖免费送的模式，抢购对于所有顾客来说都是公平的，参与的积极性会更高。

限量抢购的方式能够帮助餐饮商家制造话题，让商家以低成本的方式就能拥有巨大的噱头进行活动，而且聚集的人气能让顾客更加活跃。

限时限量抢购的营销模式已然成为众多餐饮商家在开业初期或者新品上市时的一种营销手段。目的很简单，就是为了可以在短时间内吸引顾客注意，传播分享活动，以帮助餐厅聚集人气和品牌曝光。

第七，微信二维码

做任何促销活动，我们都要有让顾客添加我们微信的习惯，方便店内沉淀微信顾客资源池，因为这些才是我们源源不断的财富。只有把顾客都加到微信上了，下次做活动，我们才可以直接在自己微信群或朋友圈促销了。积累到一定数量的时候，我们就可以不用再花钱去别人的"鱼塘"里面钓鱼了，甚至还可以收费让别人来自己的"鱼塘"里面钓鱼。

第八，引导加微信

在任何的活动页面上，我们都要有一句话暗示顾客立即加微信的文案，多加一句"立即添加微信，抢购优惠套餐"，可以立即帮你提升30%以上的微信添加率。广告打出去了，我们就要实现最大的添加微信转化率。所以这些细节我们也一定要注意，多一个顾客资源，以后就能多赚一笔钱。

其实经过前面几个步骤的优化，只要有价值大、价格低的产品，现在你成交起来还是比较简单的。

如果你是做的微营销活动，因为活动上已经包含成交主张和价格的内容，所以很多顾客添加你的微信基本上就是为了付钱，看到你朋友圈展示的真实性，大部分顾客都会直接付钱的。

成交的过程中最主要的就是设计成交主张，慎重地选品，打造出店铺独特的卖点，给出一个优惠打折的理由，再增加一个零风险承诺以及赠品策略等内容。

很多朋友会说，为什么我店铺的环境和菜品都很好，也有很多顾客一直在关注，而且非常喜欢，但是却只有一小部分人过来消费呢？现在就让我来告诉你，那是因为你的成交主张不足以让他马上过来消费。

所以，我们便可以得出一个结论：那就是顾客拒绝的不是你的店铺、你的菜品，而是你的成交主张。所以，餐饮店的老板要根据顾客的需求设计成交主张。

只有不同的成交主张，才能够让不同的顾客主动付钱。我不知道大家能不能理解这个成交主张概念的意思，但是这个非常重要，千万不能模模糊糊地去界定自己的成交主张。

比如：你是卖水果的，如果你的成交主张只是表明卖水果的，那这样的就不是具体的成交主张，只能说明你是卖什么的而已。

但是你更应该的是让顾客非常具体地知道他会得到什么？有什么价值？有什么风险？要能让顾客立即清楚地判断这个产品的价值。

所以你要帮助顾客看出你成交主张的价值在哪里，然后为什么要购买你这个成交主张，并且知道购买你这个成交主张是没有任何风险的。

在做微营销活动时，朋友圈文案、微信公众号文章或者只是简单的一个转发图片，都不仅仅是在卖产品，而是在卖成交主张，这个道理你一定要明白。

比如你卖榴莲，88元钱一个，这是一种卖法，也是一种成交主张。

但用另一种新的卖法："榴莲售价88元，有任何坏果问题可以包换，24小时内不满意可以无条件退款，还免费赠送榴莲宜忌搭配食谱、榴莲壳煲鸡进补食谱、所有水果营养成分图文详解书（都是电子书，0成本），另外再赠送一套价值38元的开榴莲工具（其实就是成本不足10元的防刺手套和开壳工具）。而且这套工具套装现在只有58套，我们送完就没有了，先到先得！"那么你看，这样的成交主张，和只卖88元但什么都没有的榴莲，你觉得顾客会买哪一个呢？

之前顾客花88元买榴莲既没有说明坏了怎么办，也没有说明能不能退货，也没有赠品，当然更没有说明赠品的稀缺性和紧迫感。所以，这两个销售榴莲的成交主张，如果你真正地站在顾客的角度来看，那么你一定会明白哪个更好卖。

你可以增加不同的赠品，你有不同的零风险承诺甚至负风险承诺，你可以设计不同的稀缺性和紧迫感，让顾客感觉如果不马上买的话，就真的没有了。让顾客紧张起来了，销售自然就好做了。

所以，我们卖的不是榴莲这个产品，是围绕着榴莲的价值打造一个非常有吸引力且让顾客无法抗拒的成交主张。你可以看到，我们不同的成交主张，是由很多要素组成的，比如：零风险承诺（包退、包换、包修）、负风险承诺、高价值的超级赠品、产品的稀缺性、制造紧迫感等等，当然，还包括你要卖的主产品榴莲的卖点价值塑造。

现在你一定要清楚我们不是在卖产品，而是在卖让顾客无法抗拒的成交主张。当然产品本身质量一定要好，但产品质量好了不一定你的成交主张就有吸引力。

比如：你的榴莲，你塑造的价值非常非常好，顾客看了你塑造的产品价值，非常想要。可是，如果你的成交主张是 88 块一个，然后就什么也没有了。

那么这样的话，恐怕很大一部分非常想买的顾客也不敢买了，因为他不知道这个榴莲买回来后，如果不满意，能不能退货，如果坏了的话，有没有人管，所以他非常犹豫，不敢下手。

但是如果我们的成交主张像前面那样，我们提供退货和换货以及退款的具体的方案和机制，然后我们又提供了他们一样非常想要的免费的、价值超高的赠品，并且这套赠品非常稀缺。这样一来，那些本来还不想买的人，可能就会买了。

所以，卖产品和卖成交主张完全是两码事，我们经营餐饮店要想做得好，必须根据自己店铺的情况去深入研究能让顾客无法抗拒的成交主张，而不是简单的销售菜品。再好吃再美味的菜品，都是需要搭配其他一些要素组成一个让顾客无法抗拒的成交主张，只要推广出去立马就能让顾客掏钱。

Conclusion

本章总结

　　如果你想把你的成交额提高几倍、成交率提高几倍，那么就看你怎么去设计这个成交主张。围绕着这个产品而设计的成交主张，包括超级赠品、零风险承诺等等，每个方面的因素都非常重要。

　　所以一个让顾客无法拒绝的成交主张的设计，是非常重要的。一个好的成交主张可以把你销售产品的成交额放大 N 倍，这个是完全有可能的。

　　但是，一个顾客的价值是非常大的，并不是我们成交一次就行了。作为商家，我们何尝不希望这个顾客可以多次回头消费呢？那要如何去实现呢？

第 6 章

引爆客流营销八步之第五步：
引导复购

本章内容

- 如何设计让顾客立即复购的火爆活动？
- 达到怎么样的信任基础才能进行更好地追销？
- 咖啡店如何利用紧急追销实现倍增的利润？
- 餐饮店如何搭配菜品能实现更好地追销？
- 如何设计追销活动能让顾客贡献更多的价值？
- 如何通过数据库快速地通知顾客有促销活动？
- 如何通过数据库进行 0 成本的追销活动赚钱？
- 小小麻辣烫店如何培养顾客习惯，引起不断复购？
- 餐饮店如何通过社群营销，提高顾客回头率？

本章目的

让你明白引导顾客重复回头消费的重要性。我们都知道，顾客的回头消费是非常重要的，而设计一个让顾客回头消费的过程，其实也是设计成交主张的过程。我们通过后期不断引导顾客复购来实现利润最大化，同时也一定要让顾客得到更多的好处和利益。

第 6 章 引爆客流营销八步之第五步：引导复购

▶▶▶

没有复购的生意绝对不是一个好生意，前面四个步骤我们其实并没有赚钱，更多的是给顾客超值的性价比、超高的体验感，积累口碑以及建立庞大的精准顾客数据库。

但是开店做生意就是为了赚钱。如果这个餐饮店不赚钱，那就失去商业的意义了。所以这时候我们必须要通过一些复购活动来赚钱。对于餐饮店来说，能让顾客复购的产品太多了，只是怎么包装并体现出超高价值的问题。

其实复购的主张和上章节分享的成交主张差不多。但是复购是在和顾客已经建立一定的信任度上再次抛出的一个成交主张。也就是说，在此之前，我们已经和顾客有一个初次的成交过程，也已经培养了一定的信任度。那我们再去引导顾客重复消费，成交率就会高很多，我们的利润也会高很多。

所谓复购就是指对一个顾客重复促销消费，所以我们要不断创新，不断提供给顾客不一样的体验，不断满足各类顾客在不同阶段的不同味觉需求，不断开发新的顾客群体。一个顾客不可能永远只喜欢一个菜品或者某个套餐，所以商家也要紧跟脚步，满足顾客更多的需求。

微信是建立顾客数据库最好的工具，只要把我们的顾客资源沉淀到微信上，就可以不断引导顾客复购，让顾客不断贡献终身价值，这样我们才能获得更多的利润。

现在线下餐饮店越来越难做，是因为很多商家永远都是在找新顾客，从来没有注重过老顾客的终身价值，根本就不知道开发一个新顾客的成本是激活一个老顾客的 10 倍以上。

另外很多餐饮店的老板也不懂得建立自己的顾客数据库私域流量池，在顾客吃饭或者买单的时候，也没有引导顾客添加店铺的客服微信。

这样就容易导致后期的促销活动或者新菜上市活动，无法通知老顾客，只能简单地做个招牌、横幅或者展架在店铺门口宣传。这样就只能吸引到路过的人，且只有吸引感兴趣的人，才能有一次成交的可能性，而且成交概率非常低。

所以，现在很多餐饮店商家永远都是在做开发新顾客的难事，没有考虑过之前来过店铺消费的老顾客。只要添加了微信，简单激发都可以带来很大的营业额。

现在走在街上或者商业中心，我们永远看到的就是餐饮店商家的价格战，导致现在餐饮行业越来越难。场地、人工、食材的成本都不断增加，但是营销方法还是用的老一套，这样下去的话迟早会熬不下去的。

我身边很多朋友是做餐饮店生意的，经常在坐着聊天的时候都会向我咨询店铺运营增加收入的问题。我基本上都是给他以下几个最简单的方法，立马就可以提升30%以上的收入。

第一，利用店铺现有的资源沉淀粉丝打造私域流量池

用一切的资源引导他们加自己的客服号或者进入微信群。每一个到店里消费的人都是附近的街坊或上班族，他们都是你的精准顾客。只要你的菜品和服务都不错，这些粉丝就有很大概率来重复消费。

比如说，只要顾客添加本店的微信或者进本店的微信群就可以送一个价值XX元的菜给顾客，但这个菜并不是这次消费赠送的，而是顾客下次来才赠送给他，

这就是一个引导复购方式的简单操作。如果顾客下次来店消费了,也不可能只吃赠送的那个菜,肯定会点其他的菜,这样的添加成本是非常小的,但价值却是非常大的。

除了赠送菜品,也可以选择赠送啤酒、代金券等。比如:添加微信赠送30瓶啤酒,为了您的身心健康,每次来店消费仅可以喝6瓶,这样就锁定了顾客5次来店消费的机会。

案例:烘焙店怎样赠券才能有效提高复购率?

有家烘焙店,老板娘姓何。店铺位于大学城附近,环境装修也是以清新可爱为主,不管是口味还是装修在该地段都是非常具备竞争力的,但是周边还有一家烘焙店和两家品牌蛋糕店。

竞争对手也开业了很多年,要想从他们手中抢夺客源实属不易,虽然也有一些会员,但生意始终不温不火,复购率都不够高。于是联系到我,看看有没有什么好的营销策略。经过一番考察,我帮何老板制定了几步策略。

做西点烘焙店,对于品类的要求还是比较高的,这样才能给消费者更多选择的余地。这家烘焙店一共有12种西点甜品,不管是口感、外观、价格都具有竞争力,尤其是从产品口味上,已经获得了顾客的认可。

但是,对于一家实体店来说,要想做得好,必须做好两个步骤:引流聚客、留存锁客。

你的商品再好,没有顾客光顾购买也是没有任何价值的。

我们首先选择人人都喜欢吃,并且能接受的商品——桃酥和蛋挞,作为引流产品。在门店内定制了一款 LED 广告牌，并写上"桃酥原价 12 元／斤，现价只要 6 元／斤，蛋挞 1 元／个"。

这样的价格对于消费者而言还是非常具有吸引力的，因为换做别的烘焙店，桃酥的价格至少在 10 元／斤以上，而蛋挞的价格也在 2~5 元左右，但是我们却选择半价销售，为的就是吸引消费者的目光。

光制定引流产品还不够，我们此次的目的是提高复购率，所以我还定制了一种方案：合理赠送代金券。当消费者购买了商品之后，只要价格超过了 5 块钱，就可以扫码领取一张价值 2 元的代金券，但是这个券只能在下次消费满 5 元的时候才能使用。

对于消费者而言，如果下次花 6 元购买一斤桃酥，然后再使用一张 2 元的代金券，那么只需要花费 4 元就能购买一斤桃酥，这个价格是非常具有诱惑力的。而且咱们的这个券在快过期前 3 天还会有二次提醒，催促消费者尽快到店消费，能极大地提高复购率。

那么如何赚钱呢？这时我们用两款超低价产品将消费者吸引过来。

顾客在买桃酥和蛋挞之外，还会顺便购买一些其他产品。尤其对于年轻人来说，店内的精美西点是不会错过的。为了配合年轻人的时尚新潮，我们还推出了好几款网红产品。

如有段时间非常火的豆乳盒子、千层蛋糕、舒芙蕾松饼、脏脏包等，不但做得精美，味道也非常可口，包装也是非常小清新的风格，送人也非常有面子。而这些西点，就是商家的利润来源。

所以，这样就能轻松达到引流，并且让消费者产生重复消费了。只要顾客对我们的产品感兴趣，以及充分给予好评，我们就可以依靠代金券等方式持续地促使这些顾客进店重复消费。

不是说每次都用代金券，下次回头消费满多少元送一个甜品等形式都是可以的。作为实体店商家，一定要不断给消费者下次复购的充分理由，才能大大提高复购率。

案例：西饼店如何打造自己的粉丝流量池？

陈老板在湖南开了一家西饼店，主要产品是蛋糕、下午茶等。刚开业时，生意不怎么好，后来陈老板意识到自己的微信群需要走场景化的模式，才能让消费者在他店里购买更多的蛋糕，增加复购率。

于是他去查了资料，发现需要将微信群做到有温度和真实感，才能让消费者产生连接感和参与感！基于这个基础，陈老板的微信群是这样运营的：

1. 线上微信群引入新力量、线下门店不断引流

相信很多商家都会有自己的一个店铺微信群或者会员微信群，而这些群成员基本上是来自于线下门店的。陈老板意识到这一点，他通过"奖品＋福利"的双重诱饵吸引线下顾客入群。

2. 吸引其他小区客流量入群

陈老板发现单靠门店附近小区的流量不够形成一个庞大的群，于是他通过各种宣传手段和噱头诱饵，吸引其他小区的居民也加入本群。

3. 裂变

当群内的人数积累到一定的程度时，陈老板又通过以下两个方法让微信群自动

进行裂变：

①让进群的顾客拉新人入群，拉满10个人即可获得奖励；

②群满多少人，群内所有成员可以获得抽奖的福利，例如："本群已满200人，本店为大家献上红包福利，手气最佳者可到店领取蛋黄酥＋牛角包！"等等。

通过这两种裂变方法，陈老板的西饼店微信群达到了快速裂变，每天不断有新人入群。陈老板的社群运营方法，其实很普通，但如果一直执行下去，一个群很容易就加满了，而且还能够不断地自动裂变，顾客和潜在顾客的数量只会越来越多。

4. 明确群内的规则，店内员工分工配合

陈老板认为，要想维护好群，就一定要有规则。于是他设下了群规和门槛，如不能发广告或其他无关的链接内容等；

陈老板还专门设置了几个社群的岗位，如群主和水军。所以顾客入群后，就会有群主发表欢迎词，然后水军（店内员工）进行配合，使陈老板的西饼店不断人格IP化、生动化。

5. 通过活动与顾客互动，活跃群内气氛

陈老板认为，如果只是一味地维护，又不与顾客沟通或互动，会让他手上的群变成"死群"。而与顾客最好的沟通互动方式，就是通过日常互动和促销活动与顾客产生链接，他是这样做的：

①经常在顾客的朋友圈里点赞评论；

这样做一是为了增加接触，二是为了破冰，让顾客对这家西饼店有一定初步认识，并且让群主了解如何在群内与顾客聊天。

②转发活动至朋友圈集赞；

群内不定时举行活动，比如让顾客转发店内活动链接至朋友圈，吸引更多人参与活动，这样做既能回馈粉丝，又能拉新。

6. 群转化：凡活动奖品必须到店领取

陈老板规定，不论是什么活动，领取奖品都必须到店才能领取。这样一来，很多顾客看到陈老板西饼店里有其他口味的面包，就会选择去购买，帮助店铺增加收入。

①新品尝鲜，刺激消费

每次出新款或者面包新鲜出炉的那一瞬间，陈老板都会让员工在下午茶的时间点，在群内发放面包的精美照片，让顾客产生下单的冲动，刺激消费。

②生日福利折扣

群内成员在生日当天，都可以获得陈老板西饼店的生日福利，享受会员折扣。要知道，陈老板手中的群那么多，群内的人那么多，每天都会有过生日的人，而且有了生日折扣，顾客也会选择到店买多一点。

陈老板通过群内群主（店长）的人格IP化，并且用精美图片激发顾客消费，线上+线下的结合，完成了他自己的私域粉丝流量池，最终达到顾客不断复购的目的，驱使利润增长和复购率自动循环起来。

案例：小小麻辣烫店客流爆满，背后藏着这样的秘密。

四川有个小伙子，大学毕业后自己创业开了一家麻辣烫店，生意一直都是火爆得如日中天，店里的客流量更是人满为患。

有人问他是怎么做到生意这么好的，他也不藏私，说只是通过微信群和朋友圈与顾客建立好良好的信任度后，再搭配一些宣传手段，顾客基本上都会上门重复消费。就这样，他的店铺口碑迅速扩散。

那他是怎么做的呢？

1. 建立店铺群，群内成员享受福利

这个小伙子在开业之前就想到了组建自己店铺的吃货群，并抛出吸引消费者入群的"诱饵"——凡是进店消费，扫码进群本次消费即可享受9折优惠！

除此之外，群内还有不定时的免单抽奖活动，以及推荐好友进店或拉好友进群都可以享受优惠等。

2. 提出合理化建议，可获得奖励

当有人向他提出合理的建议时，小伙子会给那个人一定的奖励。当然了，小伙子还将这一举措通过一些手段宣传出去了。

如他找人进店消费，那个人会和服务员说："我习惯用家常的长筷子，不太习惯用一次性的短筷子。"这时候服务员会配合他，拿给他长筷子，并且当众包红包给他，同时大声说："这位顾客给我们店里提了一个很好的建议，被我们老板采纳了，并且从明天开始店里的筷子都会换成长筷子。为表示感谢这位顾客的建议，我们老板奖励这位顾客80元现金！而且本次消费免单！"

3. 群内引导成员大范围宣传

当然，这样一个"提出合理化建议获奖励"的举措，需要一个大范围的宣传才能吸引到眼球，所以这个小伙子在群内和成员们说："凡进店消费，提出的建议一经采纳即可获得80元，每周做评估，微信通知顾客到店领取奖金！"——只要转发这条活动到朋友圈并通知的群内成员，均可获得价值39.9元的招牌小吃1份！

然后他又让服务员做好记录，建议被采纳的顾客领取奖金时，都会拍下照片发到群里展示。

就这样一个举措，很多人都知道了这家餐厅有奖金领，而且是真实可靠的，吸引了很多人踊跃参与并进店消费，毕竟有便宜不占白不占，都企图找到这家店的缺点。这样一来，店内生意火得不行，小伙子还让人把中奖名单和提出的建议贴在店铺的墙上。

正是用这样创意的方式，吸引了消费者的讨论、传播以及关注。同时搭配社群模式，培养了顾客的消费习惯，从而增加了店铺的曝光率和影响力，不断引起顾客复购。

第二，互动大于一切

和粉丝的互动比去加新粉丝更重要，而且不断增加信任度的时候很容易成为朋友关系，只要你持续做好朋友圈互动，顾客在纠结去哪里吃饭的时候，立马就会想起你的店铺。

微信营销的本质一定是为微信好友分享价值、贡献价值。所以我们餐饮行业的朋友圈要多分享健康饮食的方法、食品安全、秀色可餐的图片、餐饮文化、餐厅员工的感人故事等等。打造高价值朋友圈的核心是真实、真诚、专业的分享。

除此之外，也要主动出击，多点赞和评论顾客的朋友圈，从评论慢慢发展到私聊，增加你在顾客前面的展现率，顾客才会因此对你产生信任度，从而促进复购。

第三，设计追销成交主张利用朋友圈宣传

当店铺多个微信号有 1 万精准的且信任你的粉丝，马上就可以解决客流量的问题了。店铺有促销活动或者新菜上市时，只要通过朋友圈，群发图片、文字、语音等提前告知微信粉丝，一切的成交自然水到渠成。每天即便只有 5% 的转化，也会比传统的方法好很多，最主要的是免费，而且还解决了通知问题。就算你设计了再好的成交主张，也需要能直接展现在精准顾客的面前，才会有机会实现成交。

餐饮店立即提升 30% 营业额的三大方法

1. 沉淀思域流量池（解决流量问题）
2. 持续和顾客互动（解决信任问题）
3. 通过微信宣传成交主张（解决通知问题）

因此，现在我们就应该明白了，一定要不断引导顾客复购去追求顾客的终身价值。当顾客在我们店里消费后，一定要留下顾客的微信并且在微信上持续地进行互动、培养信任度，下次店里有促销活动或者新品上市，第一时间通知这些老顾客过来品尝，立马就能增加店铺的营业额。

3 年前，我一个朋友在我们本地一个商业中心开了一家 300 多平方米的餐饮店，最开始主要以几个派单人员在吃饭前的时间去广场、商业区派发宣传传单为主来引流,传单设计也是比较简单的低价策略。

每天靠这样的方式确实也能带来一些顾客,除去每天的人工开支,还可以赚到一些利润。然后,他就兴奋地和我说,他要赶紧在另一个商业中心再开一家店,用同样的方式应该也能赚到钱。

后来我和他说,我帮你修改两个地方,你的收入可以立马增加50%。他非常惊讶,感觉不可能,现在商业区周边的餐饮店算他的生意最好的了,想再提升上去基本上很难。

我给他的建议就是:

1. 修改传单上的低价策略,设计一个让人无法抗拒的成交主张;(增加引流转化率)

2. 只要来过店里消费的顾客,添加微信可以立即赠送一瓶饮料。(建立自己私域流量池)

结果就这简单的两个方法,在三个月时间,帮他积累了5000多位精准顾客资源,现在只要他在微信朋友圈做个简单的促销活动,店里的服务员基本上一天都没得休息。

所以你一定要知道:必须要认真地去做好老顾客的维护;老顾客的维护和互动成本是非常低的;做好老顾客的维护能够带来后续无限的价值。

案例:餐饮店如何利用社群营销,提高利润和复购率?

湖北的张老板新开了一家餐厅,其实这家餐厅前身是做川菜馆的,但因为菜品不好，而且附近太多川菜馆了，竞争激烈导致生意太差。张老板接手这家餐厅后，考虑到周边的地段和餐饮同行，将这家餐厅转型成牛肉火锅店，他还请了非常有名的厨师来切肉和调配火锅底料和酱料。

张老板对自己大厨的手艺非常自信，他认为吃过一次的人绝对还会想来。他想要更多的人进店品尝消费，于是他通过社群营销的模式为自己店铺引入大批客流。现在他的生意红红火火的，旁边的餐饮店的生意都没他好！

张老板的具体做法如下：

第一步，组建社群

张老板临时招了3个兼职员工，并且给这3个兼职员工一人一个抽奖箱，让他们在附近几个小区摆放抽奖箱，同时配上大音响播放活动内容：免费抽奖！中奖率50%！中奖者免费吃牛肉火锅！

在大音响的"炮轰"下，吸引了附近非常多的消费者围观参与。这时，张老板又让员工添加过来抽奖的消费者的微信，同时将这些消费者拉入牛肉火锅店免费试吃群。

第二步，免费抽奖，顾客自动裂变

张老板是这样设计中奖券的："先生/女士，恭喜您获得xx牛肉火锅店的两份牛肉的试吃机会！"要记住，抽奖设计的50%中奖率的牛肉，是一份到十份牛肉不等的。

对于没有中奖的消费者来说，没有任何损失，毕竟没花钱；对于中奖的消费者而言，会觉得自己很幸运，相比于直接送他试吃券，这样中奖的方式会让消费者更加珍惜。因为这让消费者心中喜悦的同时，还会将这个中奖视为自己劳动所得。

免费抽奖的效果很明显,将近90%的中奖人都去了张老板的店里试吃牛肉火锅。当然了,两份的牛肉肯定不太够吃,所以抽到两份牛肉的中奖人会选择购买更多的牛肉;而中奖了多份牛肉的人大都会带朋友一起过去吃,这样一来又增加了溢出收入,例如店里的其他菜品或饮料等。

这还不是全部,张老板又在群里面发通知:"朋友们,你还想参与抽奖活动吗?凡是拉周边社区5位好友入群,就可以再次参与抽奖哦!同样还是50%的中奖率!"

通过这样的方法,几天的时间内,张老板就建立了2个500人的群,而且人数不断地自动裂变。就这样慢慢地,这些群内的顾客不但经常进店消费,还推荐了大批朋友来这家牛肉火锅店消费。

第三步,社群维护

同时,张老板为了维护好经常拉人进群的老顾客,他又推出了一系列的措施:

累计消费满500元赠送精美礼物一份;

累计消费满800元赠送牛肉6份;

充值会员卡充200元送30元,充3000元送800元等;

就这样一系列流程下来,凡是进店消费的顾客基本都会成为会员,而且复购率很高。加上大厨调制的火锅底料和酱料真得很好,牛肉又很新鲜,很快这家牛肉火锅店在本地打响了名声。张老板的生意越做越好,口碑也是一传十、十传百!

Conclusion

本章总结

第一，你一定要利用微信建立私域流量池；第二，你一定要利用微信朋友圈保持和顾客的互动；第三，你一定要在互动中总结顾客的真实需求，结合自身店铺去提供对应的产品或者服务，引导顾客复购。

引导顾客复购是一个 0 成本的方式，只要建立起顾客数据库、打造私域流量池，就可以产生持续的复购利润。当前面几个步骤走下来，相信顾客对于你的店铺都有了一定的信任度和好感，那么接下来要做的，就是要锁定他。让顾客在以后想吃饭的时候，第一时间就会选择你的店铺！

第 7 章

引爆客流营销八步之第六步：锁定顾客

本章内容

- 如何设计让顾客立即付款的锁客活动？
- 如何利用充值卡对顾客进行锁销？
- 如何利用会员卡对顾客进行锁销？
- 如何利用积分卡对顾客进行锁销？
- 如何利用代金券对顾客进行锁销？
- 如何利用赠品次数卡对顾客进行锁销？
- 餐饮店如何运用"利他思维"，锁客上千人？
- 火锅店如何利用锁客系统更好地锁定顾客，并加以维护？

本章目的

让你认识到锁定顾客是建立在私域流量池的基础上，前提是有了私域流量池，并且这些顾客对你已经熟悉并了解。其实目前微信上的好友，就是我们很好的顾客数据库，微信朋友圈就是我们很好的建立信任的展示平台。

▶▶▶

假如顾客对你非常信任、非常满意，那么你对他进行锁销是非常容易的，但是这里面有很多方法和技巧，如果盲目地锁客不仅不会实现成交，反而会失去顾客。最简单最常见的锁客就是促进顾客充值会员卡。

对于锁客，我们最常操作的步骤就是引流成交以后，有过一次复购的动作，才会去做锁客活动。因为有一定的信任度，才能更好地接受锁客活动。不建议去对陌生顾客做锁客活动，因为在没有信任度的情况下成功概率是非常低的，有时候还会让顾客产生不好的印象，反而对你店铺的品牌影响不好。

比如：一个顾客因为你的引流产品而来到店铺消费，这是第一个引流的步骤，然后加了微信后在朋友圈有持续的互动，抛出复购的成交主张，引导这个顾客复购。当完成复购消费后就有基本的信任度，这时再对这些顾客进行锁客活动。那我们现在针对餐饮店，总结出了几个最常用的锁客方式！

第一，充值卡锁客

还记得我之前分享过的一个"1元吃大闸蟹"的活动案例吗？

顾客带朋友来吃大闸蟹一定会点其他菜消费，当他买单的时候，就要利用办会员卡充值活动进行锁客。无论顾客在本店消费多少钱，只需充值相应餐费价格的5倍金额到会员卡上，今天的这一餐即可免单。

比如顾客这次消费了200元，那么只需要充值1000元开办会员卡，此次200元的餐费就可以免单，会员卡的余额还是1000元，且享受终身会员9.5折。

这么做给了顾客什么好处呢？免单 200 元就是给了顾客眼前的利益，1000 元还是在会员卡里面一分没少，没有付出任何的钱还可以免单，且终身会员 9.5 折对顾客来说看到了以后的利益，以后吃饭有 1000 元在里面，还免 200 元的饭钱。顾客会觉得：哎呀，我是赚到了。因此顾客就很容易做决策了。

那如果你返回来做先充值 5 倍金额才能免单，对于消费者的心理来说很难接受，要让顾客先看到自己眼前的利益及以后的利益，办会员卡支付的时候就会顺利很多。

吸引顾客办理会员卡，顾客就等于把钱存到自己店里了，那么他就是自己店里的终身顾客，也肯定会时不时地过来消费。但各位还是要根据自己店内的利润及情况再去做活动，不管是打折也好，放低价格也好，都要以自己现有的利润去做。

而这个促销活动仅仅 7 天的时间，当时会员充值就超过 100 万，等于帮助这个商家一次性收回 100 万现金。

我们来算下账，餐饮我们算利润40%，那么成本是 1000×60%=600 元，1000 元 9.5 折以后是 950 元，减去免单的 200 元，也就有 750 元，等于是就算顾客把卡里的钱都消费完，我们也还可以赚每人 150 元。这还不排除很多顾客忘记会员卡余额的，或者还有顾客持续续费等情况。

商家采取充值卡给顾客如此低的折扣的手段看似相当不理智，感觉赚不了多少钱。但实际上充值卡赚钱的秘诀在于没有人会花掉最后的一分钱离开。

经过测试，很多人在充值后大多会花不完，充值卡上最后剩很多钱，但充值卡却不见了，或者是搬家遗失了，或者是忘记了。这时低折扣本质上对商家伤害不会很大，因为顾客根本没有时间去消费完。这与为什么极少人会把中国移动的套餐中的每个月500分钟的电话打完一样，这就是异曲同工的妙处。

这个案例利用了消费者的一种心理：我可以在充值卡余额有限地使用属于我的产品和服务，但实际上没有限制我一定会去消费完。

> **案例：鱼头店利用会员充值，锁定顾客重复消费！**
>
> 山东的程总经营着一家醋椒鱼头店，主要就是以醋椒鱼头为主，刚开张生意不好不坏。为了满足更多顾客的需求，吸引更多顾客前来吃饭，程总针对市场进行了全面的调查，决定利用锁定顾客的方式去吸引顾客重复消费。
>
> 而程总的锁客方式就是引导顾客充值会员，推出充值方案后，程总仅用了7天的时间就锁定了10倍的顾客回头消费。
>
> 充值方案：充值69元办理会员卡成为会员
> 1. 享受菜品会员价格；
> 2. 积分兑换消费；
> 3. 升级本卡时可免费吃本店招牌菜一次；
> 4. 升级本卡时可获得10份凉拌小菜（每次进店消费送1份）。
>
> 很多人看到这里，觉得花69元就能享受到这么多福利，肯定会毫不犹豫地充值。但升级卡是需要条件的，只要消费满298元，就可以升级这张卡，享受到第三点和第四点的福利。
>
> 如果你消费没有超过298元，同样可以得到这些礼物，在卡上充值200元即可。所以程总给顾客提供了两种选择：一种是消费298元即可享受，另一种是充值200元即可享受。

这相当于降低了会员的充值门槛，用另一种方式给顾客充值。通过逐步升级，首先让顾客从最可接受的门槛开始办理会员卡，然后通过会员卡的升级，让顾客获得更多的折扣优惠和特权，从而激发顾客升级会员资格的愿望。

一张会员卡办理只需69元，大多数人都能接受。如果顾客在活动期间消费300元，仍然可以享受8折优惠折扣。8折算下来相当于便宜了60元左右。

而顾客在活动期间花69元申请会员卡，程总还会送顾客一袋市场价值68元的五常大米，相当于会员卡是免费送的。不知您看到这样的充值活动，是否会充值69元成为会员呢？

看完这个充值活动方案，不知道你是否对会员充值方案锁定顾客有了更深的理解呢？

第二，会员卡锁客

现在给大家介绍一家奶茶店卖会员卡的营销方式。奶茶店的店员都是事先经过一些培训的，当顾客点了一杯18元的奶茶，拿出手机或钱包准备付款时，店员会说："先生/女士，您好，我们店铺在搞活动，您点的这杯奶茶今天可以免费得到。"这时顾客就会很奇怪，很有兴趣想了解一下怎么样免费得到这杯奶茶。

接着店员就会说："现在您只需要支付38元充值办一张会员卡，不仅今天这杯奶茶可以免费获得，并且凭会员卡在全国其他连锁店都可以享受八折优惠。您看您需要办理一张吗？"

一般店员这样推荐，大概75%的人会支付38元办会员卡。很多顾客表示之前一直最喜欢喝别家的奶茶，但自从得到了这个会员卡以后，每次喝奶茶都会想到这家奶茶店,所以就被牢牢锁定了。

占小便宜是人性的弱点,消费者对打折二字相当敏感。因此善用会员打折卡对消费者购买行为会产生相当大的驱使力量,但也还是要根据自身店铺的情况去优化出最适合的会员卡制度,千万不要硬搬硬套,这样只会适得其反。

会员卡本质上是顾客身份的象征,能从心理上拉近顾客与商家的距离。餐饮行业中运用得最多的手法就是凭会员卡可以有折扣优惠、享受什么样的待遇等特权。为了刺激顾客办会员卡,商家往往会在顾客准备买单的时候提出十分有诱惑性的成交主张。只要这个成交主张优化得好,办卡率就是非常高的。

> **案例:面馆运用会员卡储值,三天锁客几百人!**
>
> 有一家面馆老板一直在用传统的营销方法去经营,每天都等着客人主动上门吃面,营业额不稳定,好的时候日入1000多元,不好的时候也就几百块钱。店铺搞活动的时候营业额会高点,但活动一结束就立马打回原形,让老板很是头疼。很明显这家面馆的老板就是纯粹的"靠天吃饭",不懂得转变经营思维,新客留不住,老顾客回不来。面对这种困境,只有改变思维才是真理!
>
> 经过一段时间的摸索后老板意识到,他的面馆会面临这样一个窘境,是因为缺乏一个锁定顾客的方案策略。只要能留住顾客,他的生意一定不会差。
>
> 说到锁客,最好用的模式莫过于"会员卡充值"了,因此他通过"会员卡充值"的方式留住顾客,锁定顾客的后续消费。他的主张是这样的:
>
> 1.设计充值会员卡方案实现多方面锁客
> 会员卡充值88元可享受以下优惠:
> ①即可成为面馆的黄金会员;

②充值入卡的88元可直接抵现消费且无门槛使用；

③以后消费可以享受9折优惠；

④赠送10瓶饮料（每次进店消费送1瓶）。

2.会员卡充值活动的成本和收益分析

在这家面馆，牛肉面13元一碗，成本为5元，顾客充值的88元可以吃6次左右（还剩10元只要再加3元就可以多吃一次）；面的成本为30元；送的那10瓶饮料成本为10元。

这样一来，付出的所有成本就是35+10=45元，利润88-5×7-10=43元。也就是每办一张会员卡，面馆老板的付出成本为40元，获得的利润为43元。

其实很明显，10瓶的饮料是用来锁住顾客的工具，顾客只要来这家面馆吃面，就可以免费喝到，而且饮料的成本我们可以控制在1元，这样是不会有太大损失的。

而老板接下来的工作就是努力做好宣传，增加办卡量。

3.多渠道多方面传播面馆活动

一个营销方案必须多渠道传播出去才能达到预期的效果，那么我们应该通过什么渠道去传播呢？

①制造营销噱头

就像我们前面章节说到的一样，放出优惠活动，我们一定要寻找一个噱头。例如搞周年、老板生日等，弄个海报写清楚活动内容，活动时间为x月1日-x月10日，为期10天。

②通过朋友圈宣传

把具体的活动内容发布到朋友圈去，同时引导顾客转发活动，集满10个赞就送店内特色小吃，让顾客的朋友也知道此次活动，从而形成裂变。

通过以上方法既能让面馆业绩倍增，又能让面馆获得大批的客流！最后希望大家记住，营销活动有三要素：第一是吸引，就是先引起更多的人关注；第二是转化，就是增加复购率；第三是留存，就是成为忠粉或老顾客，这是营销活动中最重要的部分。

能充分地利用和理解好这三要素，那么引流—成交—复购—锁客就不再是问题了！

案例：餐饮店"免费吃烤鸡"，半个月锁客上千人！

王老板是湖南人，他在广东深圳开了一家饭店，这家店已经开了6年多，前几年生意还算不错，饭点天天爆满，但后来随着周边竞争对手的不断增加，加上没有学习顺应时代的营销模式，生意日渐变差。

后来王老板在网上看到关于经营餐饮店的新营销模式，发现这些模式很适合自己的店铺。于是他按照实际情况，策划出一套营销方案，最后在短短15天内，达到了可观的收入。他是怎么做到的？

要知道，做任何活动都是通过人性的弱点来构建商业模式的。所以王老板站在人性的角度上，抓住消费者爱占便宜的心理来策划营销方案。他的方案是这样的：本店周年庆福利大放送！活动期间邀请3位好友同行进店，即可免费享受价值158元的特色烤鸡一份。

同时，王老板还将这个活动方案制作成卡片，运用异业联盟的方式投放到周边

第 7 章 引爆客流营销八步之第六步：锁定顾客

半径 3 公里以内的汽修店、美容店、服装店等。正是通过这样一系列的卡片投放，为店内带来了 120 多桌的顾客。

看到这，肯定很多人会问，这样不是会亏本吗？并不，我们要看清楚前提，是要邀请 3 位好友进店才能免费吃到这份烤鸡。

如果 1 个人过来免费吃烤鸡肯定会亏，但 4 个人过来吃的话，一份烤鸡肯定是不够的，所以他们还会点店内其他菜品或饮料，这时就会产生溢出消费。

我们可以预算一下，假如 4 人进店消费了 150 元，按照 50% 的利润计算，能获得 75 元的利润，再减去烤鸡的成本 58 元，王老板还能赚到 17 元。

王老板通过学习我的营销八步课程意识到，第一步只能算是前端让利引流，所以必须得有锁住顾客的后端产品，才能不断让顾客复购和自动裂变。

于是他让服务员在顾客结账时，这样和顾客说："先生／女士，用餐是否满意？您今天在本店消费 150 元，刚好我们店正值周年庆，只要您加 5 元就能成为本店的会员。除此之外，转发活动链接到朋友圈，还能赠送您和您朋友每人 1 张烤鸡券，下次进店还可以享受免费吃烤鸡的优惠，另外我们还将赠送您 20 瓶啤酒。"

就这样简单一句话，吸引了 90% 的顾客办理了会员卡，并且锁定了顾客下次消费优先选择这家店。

这里正是运用了"利他思维"，很容易就产生了大规模的覆盖裂变。假设一下，若每个顾客的朋友圈有 200 个好友，这就意味着，112 桌 ×90% 办卡 =100.8 桌，按 100 桌算，100 桌就有：100×4×200=80000 人。

足足可以覆盖80000人，这已经是个非常不可思议的数字了。如果我们按照5%的活动响应度来算的话，能带来4000名的顾客。这4000名顾客如果每人再带3位好友过来王老板的店，就有16000人了。

后端的利润和客流量如何，我想或许大家心里也明白了。

案例：餐馆如何利用1元烤鸭锁定顾客

曾经有个餐馆，烤鸭非常美味，一块钱一只鸭子，每次光顾都需要排队。它的策略是：会员价可以享受一次1元一只鸭子的优惠，非会员价是168元。虽然会员价是1元，但顾客需要花费100元购买会员卡。

同时，凭会员卡下次消费有八折优惠。正常顾客心理是进店我要吃烤鸭，原本要168元，现在成为会员只需要101元，当然大部分顾客都会购买会员。

但成为会员之后，顾客在这家店就多了一个会员的身份。当他需要约朋友吃饭，拿着这个会员卡走到这个餐厅附近的时候，他就不由自主地想起那个八折优惠，而那个餐馆味道也还可以，他没有理由不来。这个会员卡的核心在于从心理上培养了顾客持续消费该店的习惯。

第三，代金券锁客

代金券锁客策略在餐饮店用的特别频繁。本质上并没有强制你去使用，但当你拿着代金券，却不由自主地想去消费掉。

广州有一间茶楼，将代金券策略用得相当有技巧。基本都是顾客吃一次，商家就会给顾客赠送当次消费对应的代金券，比如有30元和50元的代金券，因此顾客手中永远会留着一张代金券等待被使用。顾客手中拿着代金券，会感觉不用代金券就等于白白浪费掉，这也是利用了人性中占便宜的心理。

> 案例分享：20 平方米的奶茶店如何月盈利 5 万多？

我有个朋友兰姐，她在济南老家开了一家奶茶店，离济南那边的大学城很近，店面积大约有 20 平方米。5 月份和我咨询的时候，她和我说店面生意真的很难做，特别是她们的奶茶店，因为奶茶品牌太多、竞争太大，而且规模小，她们生意从 2017 年开始就不是很好。

然后我给了她一些关于社群营销结合代金券的建议，并让她去实施。结果，国庆节那天她告诉我，现在营业额很好，9 月份的利润已经达到 5 万多了！想知道她具体是怎么做到的吗？下面我来分享给大家。

总的来说，方案流程为：确定目标顾客—爆品设计—建立信任系统—交易—裂变

第一步：确定目标顾客

实际上，奶茶店就在大学城附近，位置条件优越。这也就有了一个很好的顾客群：大学生！学生群体年轻且精力充沛，对奶茶也有购买力。这样，我们就确定了目标顾客。

第二步：爆品设计

在这里，我帮她设计了一个引流爆品，一杯招牌奶茶五折，并进行了一次活动。但你认为这只是奶茶的五折吗？这不是社群的运作方式。我让这个朋友组建了几个群，群名称为：大学生团组织①、大学生团组织②、大学生团组织③。

然后将这些群截图，并编辑一个朋友圈文案，告诉大家进群可获得：
① 500 名学生的人脉资源（群内可以交友和交流）
② 招牌奶茶 5 折券一张
③ 100 元奶茶代金券

第三步：建立信任系统

我们想成交 5 折的奶茶，成交一次又一次的代金券复购，后续可以一直形成习惯，是不是得先给这些学生提供足够有价值的东西？也就是说，如果你有足够的价值，自然会形成购买习惯。

那我们能为学生提供什么价值？学生最关心的是学习、创业和就业。然后我们可以从这三个方面不断地向群里输出干货、咨询、学习资料，并不断地与学生互动。那信任感不就逐渐建立起来了。兰姐告诉我，她的群里每天都很活跃。她将尽最大努力帮助学生们。

第四步：交易

我们可以回顾整个社群运营过程。我们能和顾客打几次交道？5 折的奶茶只能成交顾客一次。所以设计的这张 100 元代金券就有一个窍门，我们把 100 元分成许多 5 元和 10 元的代金券，日期是每个月定的。然后你想，是不是每个月都会有人拿这些券来买奶茶？这种顾客黏性不是更好吗？

后期，我们会在社群设计后端盈利产品，比如 38 元和 28 元的蛋糕和甜点套餐。后期推出也会点燃这些精准顾客的消费。

我还教了她一个诀窍。每天晚上 8 点，她都会派发红包，抽奖幸运儿免费得到一杯奶茶。这是否极大地激发了这些学生的积极性？后来兰姐告诉我，来免费领取奶茶的同学基本上都会带上同学，80% 的另外一半同学会在现场购买其他产品。

就是这样，奶茶店通过社群与学生打好关系，不断提升信任度，后续不断引发学生的购买和复购，实现月 5 万的净利润。

第四，积分卡锁客

积分卡也是比较容易锁定顾客持续消费的一种方式，通过积分可以不断促进顾客朝着积分目标去重复消费，最终获得目标奖励。像我们生活中存在着很多积分营销模式，最常见的是超市购物消费得积分，积分换礼品等活动。

餐饮店也同样可以利用积分制度的锁客方式，通过一些系统来辅助统计，顾客每次来消费都可以自动积累积分，达到一定积分就可以赠送一些招牌菜品或者免费吃大餐的优惠，也可以是积分直接抵扣下次到店消费的金额。这样也可以牢牢锁定这些目标顾客，最起码顾客想要出来吃饭消费的时候，首先会考虑来你家消费，因为可以增加积分。

> **案例：火锅店活动怎么经营才能锁定600多名新会员？**
>
> 老李经营的一家火锅店，开业已有半年了，时间不长。店的位置在一个繁忙的闹市上，地理位置优越。不过，进店的顾客很少，日均营业额也只有两三千元。日常开支难以维持，经营困难，但他没有任何有效的措施来改善。
>
> 在朋友的建议下，他找到了我并说明了火锅店的经营情况。我根据老李的实际情况进行分析后，帮助老李制定了一个长期的锁客促销计划。
>
> 1. 创建活动氛围
>
> 要创建活动，必须有活动氛围和大动作外观。活动期间，店内热闹的营销氛围可以吸引更多的顾客进入店内的同时，让顾客感受到活动的氛围，并促进顾客付费。
>
> 店门的形象也非常重要，它能给顾客留下很好的第一印象。店门口的布置必须大气、醒目、整洁，让顾客在不进店的情况下感受到活动的氛围。常用材料：充气拱门、路旗、单页、气球、X展台等。

除了店外展示外，店内布局也至关重要。设置礼品堆、红包墙等衬托气氛，直观地让顾客感受到礼品活动的真实性。常用材料：活动单、金蛋、小礼物、气球等。

2. 推广活动方案

一个成功的活动，首先要做好引流工作。

①会员卡引流

28.8元买一张会员卡，顾客可以得到：

（1）100元火锅抵用券

（2）价值48元的火锅汤底一份

（3）价值58元的精品肥牛三份（每次进店消费赠送一份）

我建议李老板通过"店豹"微信小程序里的锁客系统建立会员模式，这样就能看到每一个充值成为会员的顾客信息，方便后期更好地跟进以及进行促销活动。

而抵用券同样也是利用锁客系统去生成，发放到对应的会员顾客账户上。

②进店礼品

进店帮火锅店转发指定文案和海报到朋友圈就送优惠券，不设门槛！

看到以上的内容，大家可能会觉得亏本，但其实并不亏！

我们来分析一下：

（1）会员卡

对于火锅店来说，汤底的成本不高，本身就是几元钱。而赠送的三份肥牛，也可以锁定顾客的三次回头消费！

另外，100元的火锅券是有设计规则的，需要多次使用（例如两次），这样顾客就必须回流！只要顾客来吃了火锅，你就是能赚钱的！

（2）进店礼品

送的优惠券，每次付款只能使用1张。所以顾客为了多拿优惠券也会多次光临火锅店，并转发指定文案和海报到朋友圈。而有了优惠券，顾客也就一定会多次光临！

3. 新客转化

接着，我让李老板通过"店豹"微信小程序的锁客系统设计了一些爆品菜的分销系统，并通知会员顾客，让会员顾客分享这些菜品出去。只要有人通过会员顾客分享而下单付款，那么会员顾客就能得到一定的积分。这些积分后期都是可以直接当现金使用的。

这样就很轻松地形成了二次宣传和裂变，通过会员顾客转化了新的客流进店，促使营业额翻倍。

4. 吸引会员重复充值

后来，李老板还充分利用了锁客系统的"充值优惠"。只要会员通过这个系统充值，不仅可以免单，更有"充值送优惠"的活动，不断地吸引会员顾客反复充值，长期锁定他。只要充值会员的顾客越多，那么进店的顾客也就会越多，由此不断地提高会员回头率！

第五，赠品次数卡锁客

赠品次数卡也是非常实用的锁客技巧，我们先来看看下面这个组合的案例方案。

案例展示

活动原因：新店开业大酬宾或者三周年庆

（一定要找个促销的原因，顾客才容易相信有那么大的优惠，不然容易让顾客感觉不真实）

主题结构：199元办存酒次数卡（1元存酒）

基本权益：此卡可存199瓶啤酒免费喝，仅限前100名办理者（限量）

超级赠品：1. 价值88元的手提吸尘器1个；

2. 价值98元的免手洗平拖1个；

特权资格：获得1次消费满200元送价值159元的创意手机支架充电宝1个

（要在后面注明：为了您的健康，每次吃饭最多提供10瓶酒）

意思就是说，现在你掏199元，就可以获得199瓶啤酒免费喝，而且还送你几个超级赠品，让你感到超值，简直就是白捡的。

因此，很多人看到精美的礼品，而且这么大的优惠，大部分都是愿意付199元购买这个次数卡的。很多人感觉送199瓶酒会不会亏了，但是我要告诉你的是，你可以在后面注明"为了您的健康，每次吃饭最多提供10瓶啤酒"。其意思就是说199瓶至少要20次到店才能喝完。如果顾客后面没来的话，你这酒还是在自己店里；如果顾客有来的话，一顿饭钱的利润肯定远远超过10瓶啤酒的成本了。

当然，所有的方案都要根据你店铺的综合情况来设计，比如每次到店具体送多少瓶啤酒，这个都是可以修改的。你要先统计出自身店铺的顾客消费习惯，人均消费单价等等，根据这些数据去设计互动方案的成功率才会是更高的。

某个餐饮店也曾经推出次数制度。它设计了8个格子的次数卡，当达到8个格子的时候，则获得一次免费大餐的机会。

但该店策略的厉害之处在于，有时候遇到大顾客还可以做顺水人情，故意帮他先填上2个格子，这样的话就让这个顾客觉得你们店很看重他，自然下次吃饭也同样会过来。也就是说，顾客只需要完成6次即获得免费大餐机会。

这对比只有6个格子的次数卡，虽然本质上都是吃饭6次，但前者帮助顾客迈出了两步（提前获得两个格子）。有数据显示，前者完成的成功率比后者翻了一倍。

最原始的锁客手段来源于订杂志和报纸。一般订杂志都会在年初进行，顾客可以选择订半年或者一年，然后一次性付款，接着就是等着每个月收到杂志或者报纸。订的时间越长价格越便宜，所以很多顾客都会选择一年一年订。

订杂志的背后逻辑就是该杂志锁定了你这个精准顾客，意味着在半年或者一年间你都会是他的稳定顾客。而你在短时间内却无法变更为其他杂志，除非你再订购其他杂志。这叫定量锁客，已经被整个杂志行业奉行为锁客标准。

Conclusion

本章总结

　　锁定顾客的前提就是你要塑造好你的产品价值，让你的产品显得价值很高，而且确实就是有这么高的价值。这些塑造价值的方法在前面已经都和大家详细介绍过了。总而言之，锁客的价值不仅仅在于锁住了顾客未来的消费，更重要的是，锁客为今后一系列的复购、裂变都打造了沟通和信任的管道。

　　希望大家都能认真理解这里面的逻辑，然后根据自己店铺的情况去做合适的锁客活动。别人做的未必适合你，只有根据自己的情况总结出来的锁客活动才能发挥最大的效果！

第 8 章

引爆客流营销八步之第七步：设计裂变

本章内容

- 如何设计能让顾客立即转发的裂变机制？
- 如何包装利益价值刺激顾客转介绍？
- 超乎预期的产品和体验如何让顾客产生"表现欲"？
- 烧烤店如何设计 1 元吃龙虾形成不断裂变？
- 如何设计与众不同的环境或者景色引导顾客转介绍？
- 如何设计顾客超乎寻常的身份感引导顾客转介绍？
- 如何准备相关图片物料更容易让顾客去宣传转发？
- 如何利用拓客系统做活动，从 6 千粉裂变到 1 万 5 千粉？

本章目的

设计裂变简单来说就是引导顾客推荐朋友过来消费。这也是建立在私域流量池顾客数据库的基础上，里面也有很多技巧来实现。虽然很多时候我们都会和顾客说帮忙转介绍，但是大多数人都不会帮你转介绍的，因为缺少动力。有时候动力并不是钱，而是其他价值高成本低的东西。有时候只要利用赠品稍微给顾客些动力，那么给你带来的将会是源源不断的新顾客。

▶▶▶

目前来说顾客裂变是一种成本非常低的营销方法，而且几乎所有餐饮店老板都明白这个道理，但在真正执行的过程中，很少有商家能真正发挥出顾客裂变的威力出来。

经过我们一段时间的测试以及摸索之后发现，很多时候不是你的裂变机制不好，而是根本就不知道顾客会主动去转介绍的动力是什么，为什么顾客愿意去传播。

今天我们根据实践经验，来给大家总结一下顾客会主动转介绍裂变的核心原因。

第一，超乎预期的产品和体验

餐饮店优质的产品和服务本身就是最好的推销员，能够在获得顾客忠诚的同时让顾客自发地进行转介绍裂变。表面是你的产品和服务打动了顾客，更深层的原因是你的产品和服务激发了顾客的"表现欲"，就好像享受到一个好的服务或者环境都喜欢拍照发朋友圈一样。

通过表现欲的释放，顾客的心理能够得到极大的满足。顾客通常会很热心地告诉身边的朋友哪家店好、哪家店坏；哪家店东西好吃、哪家店东西不好吃；哪家店环境好、哪家店环境不好。

你的店只要提供优质的服务和美味的菜品，而且与众不同，那么顾客介绍朋友过来时，顾客知道他的朋友会认可他、感激他，这样顾客才会愿意去传播。

你会经常发现，大妈们坐在一起会交流哪的菜便宜，哪个超市在打折；美女在一起经常聊头发在哪做的、指甲哪里做得好；吃货们在一起，聊的是哪又开了一家特色店，哪里的东西比较好吃……你会发现虽然聊的都不一样，但其实都是在帮店铺做转介绍，只是很多时候他们自己都没有意识到。

> 案例：奶茶店如何利用装饰品引导裂变？
>
> 我们本地有个奶茶店，经营面积还是比较大的，总共有三层楼。奶茶店做成3层楼的休闲吧本来就是比较少的，最开始是2层，后面才扩张到3层将近300平方米的店面。周边的奶茶店基本上都是一层几十平方米的。因为那个地方租金也不便宜，没有一定的利润和顾客，根本不敢租那么大的场地。二楼三楼全部是座位，一楼主要就是前台取餐和小部分的座位，但是他留了一块比较大的地方，简单布置了一下，环境很高大上并且清新感十足，中间放着一个2米多高的大熊玩偶，非常萌，而且前面特意留下一个空地给顾客合影留念。
>
> 我们都知道去奶茶店休闲的基本上都是年轻的男女，看到这么可爱的大熊玩偶，配上高大上的背景，顾客基本上来了都会在那里拍个照片发朋友圈，而且还特意定位在这家奶茶店。就算他不定位，后面也会有品牌的Logo和店名。
>
> 就这么简单的一个布置，激发了大部分顾客的"表现欲"，只要有顾客拍照发朋友圈，就能带来很好的品牌宣传。此后每天晚上隔壁几家奶茶店生意都是寥寥无几，但是这家店生意就特别好。

所以，不管是菜品、人员服务，还是店铺环境，我们都要想办法做到与众不同，才能更好地激发顾客的"表现欲"，让更多的顾客帮我们自主自发地去宣传转介绍。

第二，超乎寻常的身份感

这一点也源自顾客的"表现欲"，通过给予顾客特殊的身份，让他能够获得更多的社交名声价值。

这样的话，顾客在介绍店的时候，可以说：我朋友的店，我是那家店的股东、至尊卡会员、消费合伙人、创始会员，我参加过那家店的试吃活动，那家店的几个菜名都是我起的……

这样主动地赋予顾客各种身份，让顾客有更多的参与感、身份感，就越有介绍给朋友知道的动力。

> **案例：餐饮店如何利用股东卡裂变？**
>
> 有家当地比较出名的餐饮店，他们推出一张股东会员卡，只要500元就可以拥有这张股东会员卡，不但可以马上获得超过2000元价值的超级赠品，而且以后吃饭也可以享受8.5折优惠。
>
> 最主要的就是，有了这张股东卡，只要你的朋友过来吃饭，报你的名字或者股东卡号，同样可以享受8.5折优惠，并且免费获赠价值38元的炖盅一份，而且你朋友消费金额的10%会自动充值到你的股东卡余额里面，可以抵扣你后期吃饭消费的钱。
>
> 因为这家店在本地有一定的名气，当天活动推出就已经有200多人开通。而且只有30%是店铺消费现场充值的，大部分是在微信上下单的，因为这个卡上面有客服微信和二维码。很多顾客因为拥有股东卡就感觉有了身份，所以都会拍照发到朋友圈显耀并且告知自己的朋友，这样无形中就形成了很好的转介绍效果。

第三，利益刺激

利益刺激是最直接的顾客转介绍动力，小程序分销模式、拼团模式就是利益刺激会员去转介绍裂变的代表。

很多餐饮店也在用利益刺激的方式来进行顾客转介绍营销，但是多数没有做出效果来。为此很多商家颇为困惑，我们提供的礼品也很有价值呀，为什么没有顾客帮我们介绍？

我们对这类的案例研究之后发现原因只有一个：顾客的行动成本比较高，获得的价值相对很低，性价比不好，所以顾客就不去转介绍了。

> **案例：烧烤店推出1元吃龙虾，形成顾客自动裂变**

有一个老板在几年前开了一家烧烤店。由于缺乏市场营销知识，经营上没有规律，所以店里的生意一直都不怎么好做。

为了改变状况，老板接触了会员营销模式。经过研究，他设计了一套裂变模式，让自己的烧烤店形成了自动裂变，不再愁客流。

第一步：储存顾客——爆品中转预订

为了能吸引更多的人，老板选择了一种大家都喜欢吃的产品——"小龙虾"作为主打产品，吸引人们的眼球，于是推出了"1元吃小龙虾"活动！

活动规则就是，只要通过添加本店微信号并预付1元钱，就可以在中秋节当天到店免费吃小龙虾。不过，这里有一个详细的操作细节，当顾客预订后，要提前通知顾客以下内容。

如果中秋节那天到店人数太多，他们无法长时间等候，有两种选择：选择①返还1元,不亏本;选择②送会员卡,而且持卡进店消费可以打9折优惠。

活动制定好了,活动消息通过哪一个渠道发布比较好?老板选择了三个关系密切的渠道——亲戚、朋友、员工帮忙转发。

"免费预定1元吃虾"的活动,很快就在本地人的朋友圈内引起强烈反应。大家争先恐后地抢着名额。这时,老板开始思考如何增加充值的诱惑力,怎样能让消费者在参与活动当天无法抗拒充值。

为此,老板设计了一张"牛肉串卡"。

"牛肉串卡"的使用规则是:持本卡可享受免费吃100串牛肉串优惠,每次进店消费可以吃20串牛肉串。

第二步:会员充值,超值回馈

通过"1元吃虾"的引流和牛肉串卡来增强充值的诱惑力,基本工作已经完成。接下来,就要设计一个不可抗拒的会员收钱方案。

充值要求如下:
充值100元可以赠送
①烧烤店激情牛肉串卡10张(每次进店消费赠送20串)
②烧烤店50瓶啤酒(每次进店消费赠送5瓶)
③每次进店消费均可享受一次抽奖活动(奖品为不同金额的代金券、不同美食的兑换卡、不到百元的现金等)

会员方案一推出就引发1000人充值,老板就这样收款十万元!此外,通过这一活动,烧烤店也形成了自动裂变。

第8章 引爆客流营销八步之第七步：设计裂变

那么，这次操作是真的赚钱还是赔钱？

首先，1元预订小龙虾是亏损还是盈利你肯定很关心。你经常看到别人在利用宣传车、宣传单、传单派发，其人员工资等没有几千块钱是下不来的。为什么你不能直接回馈消费者，而是把钱花在这些毫无意义的促销上呢？

而在活动实施过程中，选择1元预定龙虾的人很少，大多数人会选择9折的会员卡，所以1元钱预订小龙虾没有损失。

而且，客人到店只吃虾吗？当然不是。1元钱吃虾的机会可不容易，这时候你想不想邀请一些好朋友加入来吃？一个人来吃饭的可能性很小，但很多人就一定会点别的菜、饮料和酒水。这样，我们前面免费吃小龙虾的费用就可以收回了。

案例：串串店1天裂变几百个顾客，怎么做到的？

盛夏来临，每年只要一入夜，都会伴随着烟火缭绕的火锅、串串、烧烤等等美食，也是每一个餐饮老板使出浑身解数拉客的好时候。要是在以往，或许本次案例的主人公胡老板还不会这么着急，可是最近两年周围开的火锅、烧烤店越来越多，竞争愈加激烈，这让胡老板强烈感受到了生存危机。

好在胡老板在后来的学习中，知道自己现在的困境应该如何解决了。

于是我辅助胡老板量身打造了一个营销方案，让胡老板的串串店不仅在众多同行中脱颖而出，还锁定了大量的精准顾客。

下面就来看看这个活动的具体方案是怎么实施的。

我建议胡老板先用"啤酒饮料免费送"做活动噱头，引来无数人前来消费！接着，要求顾客用餐的时候拍照发至朋友圈，并带上标题：xx串串店50瓶雪花啤酒真的可以免费喝！

只要顾客分享了就能免费获得啤酒或饮料。一瓶酒按3元计算，一箱总价值150元。想吃串串的你，如果刚好在朋友圈看到好友发了这个信息，你会不会也想去消费，我想答案是肯定的。

部分人会发出疑问，一下子送出50瓶啤酒，岂不是要亏到一无所有？所以我们必须要控制成本以及设置一些规则！

1. 赠送的啤酒不能带走，只能在店内消费使用。

赠送的50瓶啤酒不可带走，只限堂食。一次喝不完，可以店内储存起来，等顾客下次再来消费的时候再次使用。这样就能锁住顾客重复消费，让顾客一想起串串，首选的就是这家。

2. 限制啤酒消费期限

设置啤酒使用期限，比如说是两个月，那么顾客就要在这两个月内，想办法消费掉，要么自己经常过来消费，要么邀请更多的人来消费。

无论是哪一种消费，胡老板都会有盈利的。顾客吃的串串是按照签的根数来计算的。吃得越多，胡老板赚得越多。而胡老板还要做的一个措施就是，留住顾客的同时，也要让顾客和你之间存在一定程度的信任度，让顾客习惯性地到店消费。

案例：农庄赠送礼品裂变为什么会失败？

有这么一个开农庄的商家，告诉他的老顾客，介绍一个新顾客购买8人套餐，就赠送他一个价值200元的榨汁机。这样的主张通常很少有人去参与，虽然价值

200元的品牌榨汁机是一个不错的赠品，但相对顾客的行动成本还是不划算。

顾客有哪些行动成本呢？首先得找到这些有需求的人，然后还得和朋友讲清楚，朋友得到店消费，顾客还得给商家核对，核对完了之后顾客还需要到店领礼品，还得顾及不要让朋友认为他从中得利……

用利益激发顾客转介绍的动力核心在于降低顾客的行为成本，而降低顾客的行为成本就需要合理地使用各种工具。

例如砍价活动、助力活动、分销工具、拼团工具，顾客转介绍只需要转发一下就可以，行为成本低，顾客才愿意行动。如果再有较高的利益刺激，就能激活顾客的转介绍动力了。

商家还可以从流程优化、物料宣传、工具使用三个方向来降低顾客的行为成本。

案例："多吃鸡"通过公众号做活动，产生不断裂变并吸粉无数

大家还记得我前面说过的"多吃鸡"的案例吗？"多吃鸡"的老板就非常懂得降低顾客的行为成本，激发顾客的参与性和积极性。"多吃鸡"老板之前还做过一次活动，通过公众号海报裂变系统吸引粉丝，并带来可观的流量和裂变。

我们来看看他是怎么做的。

1. 推出爆品

"多吃鸡"主打的盐焗鸡原价68元，限时抢购仅需34元。

2. 通过公众号海报系统裂变

"多吃鸡"老板首先在"店豹"微信小程序制作了一张活动海报，并放入店铺

公众号的二维码，再将活动海报配上文案发布到朋友圈。

当顾客看到这张海报的时候，想要优惠购买盐焗鸡就会扫描海报中的二维码。这时页面会直接跳转引导关注"多吃鸡"的公众号。顾客关注公众号后，公众号就会弹出参加本次活动的规则和详情，并会自动生成一张专属于这个顾客的海报图片。

为什么要生成顾客专属的海报？

因为参与活动的规则就是，这个顾客需要邀请3位好友关注"多吃鸡"的公众号，才能以34元的价格抢购到盐焗鸡。所以，顾客会为了这个优惠，将海报发布到自己朋友圈让他的亲朋好友帮忙。一个顾客可以为公众号带来3个粉丝，而这些粉丝又会不断地裂变其他人关注公众号，就这样持续地疯狂裂变，短短几天的时间，"多吃鸡"公众号从6000多的粉丝直接涨到了1万5千多粉丝！

其实对于餐饮店商家来说，活动不仅要达到迅速裂变的效果，同时也要懂得建立自己的私域流量池。比如"多吃鸡"公众号的粉丝，就是老板的私域流量池。这些粉丝都是体验过店内产品的，所以当"多吃鸡"下次要做活动的时候，可以在公众号发送文章或者在朋友圈发布促销文案，就能轻松地吸引大量顾客参与。

"多吃鸡"老板就是这样利用"店豹"微信小程序的拓客系统，不仅可以看到整个活动的详细数据分析，还可以看到所有参与活动的顾客的详情，辅助自己更好地划分顾客和更好地打造私域流量池！

第四，商家的重视程度

餐饮店老板对顾客转介绍的重视很大程度上决定了顾客转介绍的数据结果。一个餐饮店的店长和老板是非常关键的。老板不够重视、店长不够重视，作为最终执行的店员就不可能有很好的执行落地结果，那么就很容易导致没多少顾客帮忙转介绍，最终就会形成一个失败的转介绍案例。

如果老板和店长对顾客转介绍非常重视，让店员通过一些技巧和方式要求每一个顾客进行转介绍，成功的比例也是比较高的。即便是我们没有掌握顾客转介绍的方法和技巧，只要每天都在执行，要求每一位顾客都对其进行转介绍，也总会有一定比例的转介绍顾客进店的。

比如做助力活动，就是最简单的一个顾客转介绍工具。因为整个助力活动的页面都已经详细地介绍了做引流的套餐介绍，服务员只需要简单地引导到店的顾客去转发一下这个链接，就能产生很好的转介绍效果。

这就必须要求店里的服务员尽可能地去做这个事情，只要能获得一个到店顾客的转发，成本仅仅是一瓶饮料，但是带来的宣传或者潜在顾客，远远超过这瓶饮料的价值。

就算没有做助力活动，也可以设计一个让人无法抗拒的成交主张——制作成一张带客服二维码的精美海报，再编辑一段转发文字，同样也可以引导到店顾客去帮忙转发。这样的效果也还是不错的。

第五，转介绍方案执行的方法流程

餐饮店老板的重视程度在于扩大我们顾客转介绍的基数，而执行过程中的方法流程则是在于提高我们的转化率。只要转化率提高一倍，相当于我们的顾客基数也会提高一倍。

大多数餐饮店在做顾客转介绍时没有具体的方法和流程，这样就很容易演变成两个情况，要不就是打情感牌，只是在口头上要求老顾客帮忙转介绍。

比如打情感牌是这样说的："刘总，下次带朋友过来一起吃饭，我给个最低折扣给你们哈""陈总，欢迎您下次带朋友一起来吃饭哈，多帮我们介绍一些顾客过来嘛！感谢了哈"。

一个是打利益牌，着重强调转介绍的利益。如：带 3 个顾客进店，可以免费领果汁机一个；转发朋友圈集赞 20 个可以免费领取精美保温杯一个。

这两种方向都容易忽视顾客的行为成本和所获得的利益之间的性价比，这就导致转介绍的效果不是很好。所以具体的方法和流程就在于通过降低顾客的行为成本来提高这种性价比。只有行为成本低，获得价值大，顾客才会愿意去转介绍。所有的转介绍方案都是越简单越好，让顾客容易理解清晰，容易执行操作，容易获得回报。

第六，转介绍的图片文案等物料

转介绍的图片文案等物料的作用就是在于进一步地降低顾客的行为成本，优化转介绍流程。让顾客自己主动去描述和推荐你的产品和服务是不太现实的，千万不要试图让顾客费脑子帮你推广。这就需要我们准备一系列的物料，让顾客简单执行就可以了。

例如，你想让顾客帮你发朋友圈，你就要准备好发朋友圈的文案和海报图片，顾客只要简单转发一下就可以了；你想让顾客帮你带客进店，你就要准备好一些宣传单或者优惠券，让你的老顾客送给他的朋友就可以了！

顾客转介绍是成本最低的一种获客方式，我们不能把顾客转介绍的营销方法使用起来，很大程度上是因为我们没有真正地思考过顾客为什么帮我们转介绍这个问题？不知道顾客转介绍的动力在哪？

顾客转介绍首先要重视，要对转介绍的实施有规划，其次要根据餐饮店具体情况设计出转介绍的流程和主张，最后要通过准备好的图片文案等物料进一步降低顾客转介绍的行为成本，优化顾客转介绍的流程，提高转介绍的效率。

Conclusion

本章总结

通过学习上面的内容，相信很多餐饮店商家都会重新去重视顾客转介绍裂变这个方法，重新优化整个流程。因为顾客转介绍也是成本非常低的一种获客方式。但其信任度却非常高，因为都是通过朋友介绍过来的。如果你不重视顾客转介绍裂变，那么你就等于丢失了一个大大的金矿。

如果你和顾客之间有了足够深的关系，这个时候，你会发现这个顾客对于你来说，不单单会购买你店内的产品，即便是你推荐的其他产品，他可能都会感兴趣。为什么？这就和朋友与朋友之间的关系一样，当你的兄弟给你推荐哪款游戏好玩的时候，你会不会想去试玩一下？当然会。

而当你与你的顾客达成了这种关系的时候，你也就实现了这个顾客的最大价值，可以在他身上挖掘源源不断的利润。

第 9 章

引爆客流营销八步之第八步：挖掘终值

本章内容

- 如何持续挖掘顾客的终身价值产生更多利润？
- 实战案例锁定顾客持续成交的秘密是什么？
- 如何通过互相导流量的方式增加整体的利润？
- 如何帮助更多跨行店铺导流赚取更高的利润？
- 如何突破场地、环境、产品等限制获得更多的跨行利润？

本章目的

终值就是持续挖掘顾客终身价值，发现顾客的其他需求，提供优质的需求产品给顾客，从而获得更多的隐性利润，比如来吃饭的顾客同样需要娱乐唱歌。只要有信任度，就可以把顾客嫁接到其他产品变现。

▶▶▶

我们非常清楚，目前很多线下餐饮店的现场承载能力是有限的，每天接待的顾客也是有上限的，达到一定程度就容纳不下了。这个就是为什么我们要把所有的顾客都添加到微信上，方便以后我们进行线上的再次变现。

一次偶然的机会，我和一些外地来的朋友进入到本地的一家土菜馆吃饭，一个简单的西红柿蛋花汤和板栗南瓜让我们印象深刻，回味无穷。可能是因为在大城市待习惯了，大鱼大肉吃腻了，所以发现这些农产品经过简单地加工，就可以这么好吃。

我们立即叫了老板过来一问才知道，原来这些农产品都是在山区经过无公害的种植，还有专业的人员打理。从那一刻起，我就对这些农产品产生了兴趣。

我们几个在土菜馆吃了整整一个星期，各种各样的农产品都品尝过了，也添加了老板的微信。后来经常看到老板在朋友圈发农产品的一些种植方法和采摘过程，才知道原来不但可以去他那里现场吃，还可以买回来在自己家里煮着吃。比如：板栗南瓜，是可以买回来自己按照他教的方法去煮，味道也是一样的，因为只要食材新鲜，并不是只有大厨才可以做出美味的。而且还可以买来送人，快递给外面的朋友。这样无形中，我们就为土菜馆的老板贡献了自己的线上价值，而且只要产品好，我们还会持续不断地贡献终身价值。

所以并不需要到线下店，我们也给老板贡献了甚至比线下店消费还高的利润。我想表达给大家的意思就是，一旦一个顾客加了你微信，他的价值就不单单是消费你现有的产品，而是可以不断延伸下去的。

> **自身故事分享：**
>
> 2012年我孩子出生的时候，我爱人经常在一家母婴店购买奶粉，他们通过我爱人领取会员卡时预留的电话号码，添加了她的微信。他们客服号打造的就是一个母婴店店长的角色，而且是一个已婚并且有小孩妈妈，朋友圈经常发的都是教育小孩和小孩辅食等等与小孩相关的内容，将其打造成非常专业的一个家庭主妇。实际控制人就是母婴店的老板娘。
>
> 这时候，就很容易让这些新婚刚生育小孩的妈妈产生共鸣和同频，甚至经常可以在她朋友圈里学习到很多带小孩的方法和技巧，不懂的问题还可以直接微信咨询店长。店长也会乐此不疲、很有耐心地回答，这样很快就与顾客建立了信任度。
>
> 之后不管是奶粉还是辅食，我爱人都会听她的建议，并且按照她的建议去购买和搭配，这样不但让这家母婴店产生很大的利润，同时也让我们这些新手爸爸妈妈有了很多的学习渠道和咨询的老师，大家都可以受益。
>
> 而且她都是根据我们小孩情况良心推荐，所以到现在我爱人都和这个老板娘关系非常要好。
>
> 大家都知道，一般家长对孩子的吃穿用度非常谨慎，很多家长甚至直接寻求海外代购。但此后，不管是大人、小孩，吃的、喝的、玩的，我爱人都会在这家母婴店购买，这就已经帮助她母婴店产生一部分的收益，也会让我们给这家母婴店贡献终身价值。
>
> 目前我家有孩子，所有相关吃的喝的玩的，都是在这家母婴店消费的，可想而知，这6年时间能为她带去多大的利润。这个母婴店老板娘也是非常聪明的人，当和顾客产生信任度以后，她就开始导流获得更多后端利润。

1. 导流到美容院

目前我们大家都知道，一般的美容院是有非常多消费"陷阱"的。很多女人都想做身体的保养、脸蛋的护理，特别是刚生完小孩的妈妈，最想要的就是减肥。但是现在很多顾客消费都很理智，所以不会轻易去不熟悉的美容院做护理。

这个老板娘就抓住这些新生育妈妈的痛点，在和这些妈妈建立了信任度的基础上，在平时聊天的过程中开始引导这些顾客去一家美容院消费。我爱人也是通过这样的方法，一直在这家美容院贡献价值，直到现在还在持续消费。

她要去和这些美容院谈优惠价格也很容易，因为她手上有大量的美容院精准顾客，这个就是她谈判的筹码。当然，美容院也非常乐意和她合作。因为本身自己的获客成本就非常高了。现在只需要牺牲首次消费的利润就可以获得这么多精准的顾客，所以肯定都会认真服务好这些精准顾客，希望这些顾客能长期在自己这里消费。

通过这个老板娘介绍的美容院，确实能享受到还不错的服务，而且还有一定的优惠，中间又没有套路，彼此之间都能得到各自的好处。美容院得到了顾客，母婴店老板娘得到了佣金，我爱人得到了优质的服务，皆大欢喜。

母婴店老板娘非常明白顾客数据库的重要性，只要持续做好顾客的服务，就可以不断地在这些顾客中获得利润，所以她推荐的美容院也一定是经过她自己考验觉得没有问题的。

如果美容院去套路这些顾客，那母婴店老板娘之前的所有服务都会白折腾了。顾客将不再信任她，不但不会去美容院消费，也不会在母婴店消费，这样就会造成很大的流失。

2. 导流到保险公司

现在很多人都有买保险的意识，都会帮自己的小孩买上一份保险，如果正常去保险公司买的话，是没有多大折扣的，但是通过这个老板娘去买的时候，是可以享受一定优惠折扣的。当然，这里也能帮母婴店老板娘贡献一定的利润。

像我们家的保险都是通过这个老板娘去购买的，先把足额的钱直接支付给保险公司，然后由保险公司按足额的价格出单，保障所有的权益，然后再由这个老板娘退回相应的折扣款给我爱人。

其实这个流程也很简单，就是这个老板娘帮我们代买正规保险，然后从保险公司返回给她的折扣中再拿出大部分的利润返回给我们，她从中间赚取比较少的一些利润。对于我们这些顾客来说，也是可以理解的，毕竟通过她才能获得这么大的折扣，平时自己直接去买是没有折扣的。

3. 导流到教育机构

现在大家的生活水平都还可以，当然也会给自己小孩能力范围内最好的教育。那母婴店老板娘从你家小孩一出生就已经掌握了孩子的大部分信息以及你的家庭情况，能做比较清晰的顾客消费水平区分。她会在平时聊天的过程中根据我们家庭消费水平而引荐一些教育机构。目前我小孩的兴趣班都是我爱人通过这个老板娘的介绍才决定小孩去哪家培训机构学习的。

可想而知，服务好自己的顾客，能产生多大的终身价值。最主要的是，通过她的介绍，不但可以享受折扣。还可以详细地了解清楚每家培训机构的质量和师资情况，有目标性地送自己的小孩去学习，而不是盲目进入，体验不好后才换。

当然，这里我们又为整个老板娘贡献了利润价值。

> 4. 导流到汽车美容中心
>
> 目前我们家的车都是经过这个老板娘的推荐才去这家汽车美容中心的,她给的会员卡也确实能得到折扣优惠,洗个车正常都是 30 元,但是我的都是 20 元。汽车保养的收费也便宜很多。

在这 6 年期间,其实在很多方面我们都为这个老板娘贡献了不少价值。当然,我们也得到了比较好的服务待遇和适合自己的消费品。彼此之间都得到自己对应的东西,皆大欢喜!

如果这个老板娘有 1000 个像我们家庭这样的忠实消费粉丝,那她每年的收益你可想而知,而且还可以不断地挖掘顾客的终身价值。

其实这一切,都是这个老板娘在拥有庞大的顾客数据库以后,拿着这样的筹码去和其他异业商家谈价格优势。

比如和美容院谈:我现在有 1000 个精准的美容顾客,我可以推荐他们到你美容院消费,但是你必须保证你的服务,而且要给我的顾客一定的优惠折扣福利。当美容院听到有 1000 个刚生完小孩想要减肥的妈妈这样的精准客户,如果你是美容院老板娘,你觉得该给什么折扣比较好?

我认为如果懂得做生意的人,都会以最优惠的折扣,最好的服务质量把这些精准的顾客吸引到自己的店铺来,做好服务引导持续消费。

平时自己去发传单、求顾客介绍,都不知道要花多长时间、多大的成本,才能获得 1000 个精准顾客。很多美容院一年的新顾客也没有 1000 个,这里面的价值相信懂做生意的美容院老板都会清楚。

看到这里，相信很多朋友应该明白顾客终身价值的重要性。最主要的内容其实就是提供高质量的服务，不断地增加彼此之间的信任度，就可以不断地引导顾客消费其他产品，实现更多的利润。

像我前面说到的七步，只要你一步步走下来，并把每一步都走好，我想你根本就不会缺精准顾客，而且这些顾客还会和朋友一样与你交流、谈家常、聊烦恼。

> 案例：烧烤店通过挖掘顾客的终身价值，实现更多收益
>
> 我一个学员，是开烧烤店的，他通过营销八步走过来，把一家濒临倒闭的烧烤店挽救回来了，现在已经在本地开了两家分店了。而且他每天不单单只是赚着烧烤店的钱，因为店铺服务和产品不错，加上他和顾客们的关系不错，相互之间有很强信任感。
>
> 于是，这个学员就在想，除了自己的店铺，还可以在哪方面通过这些顾客让自己有另一个收入来源。刚好这几年淘客一直都很好用，且早已不是用微信群大面积轰炸的方式。
>
> 后来，他了解到了购呗APP，这个APP收集了淘宝天猫等平台有佣金的商品，这个学员掌握好其中的收益原理后，就将其运用到自己店铺中。
>
> 首先，他在店铺收银台展示了一个二维码，顾客只要通过这个二维码下载某款APP，并在该APP上下单，不仅顾客能省钱，而他自己也能得到一定的佣金收益。并且，只要是下载了APP的顾客，本店都可以免费赠送一瓶饮料。
>
> 你可能会问，哪有顾客是你说下载就会下载的。
>
> 是的，但因为这个学员和很多顾客已经有了信任，且相互之间的关系不错，而

且一听通过这个 APP 购物能省钱,那顾客肯定会很乐意下载的。何况,下载了还会赠送一瓶饮料,何乐而不为呢?而只要顾客通过购呗 APP 去淘宝购买东西,这个老板就可以获得淘宝商家给的佣金。

当然,你也可以把饮料换成其他更具吸引力的产品。所以,这个学员就是这样通过前期与顾客打好交道,那么后期就有很多利润点可以挖掘了,就像我前面分享的自身故事一样。

看完案例,希望你们能举一反三,赶紧回顾下自己的店铺或者产品,该怎么样去做服务增加信任度,然后才能挖掘顾客的终身价值。

Conclusion

本章总结

现在不管是线上还是线下获得一个新顾客的成本都是比较高的，所以我们一定要懂得维护好现有的老顾客，才能持续地在这些老顾客身上获得更多的价值和利润。

我们所说的持续获得，并不是说要销售什么和顾客不相关的产品来获利，而是要在和顾客互动的时候了解顾客还有其他产品获得服务的需求，然后你想办法去对接这些产品可以获得服务的商家，争取到最优惠的价格和性价比最高的产品，之后在稍微赚取一些利润的情况下提供给你的顾客。

这样不但可以帮助你维护顾客，还可以帮助顾客省钱，同时也可以帮助其他商家带来精准顾客。皆大欢喜！

后　记

当以上八个步骤走下来的时候，我相信一个餐饮店在本地的品牌基本上就已经形成。以上所有章节，就是《餐饮店创业的营销八步》的全部内容了。大家可以反复去看看这些内容，我相信每一次的翻阅都会有不一样的感觉，凡事只做一遍可能只吸收到30%，第二遍吸收到60%，三遍以上才能吸收到80%。

最后，我希望你可以回过头来好好研究下营销八步的每一个步骤，找出自己哪个方面没有做好，就先聚焦在哪个步骤去执行。这样成长起来的速度会更快。

打造爆品：
就是包装一个让人无法抗拒的"鱼饵"，让人看了就立即有想付钱的冲动。比如XX海鲜馆现在仅需1元，全场小龙虾任吃不限量。

精准引流：
当我们打造出爆品以后，就要包装好"鱼饵"的价值，编辑好吸引人的文案，抛向相关"鱼塘"进行精准引流。最简单的就是设计一张海报和文案利用微信朋友圈传播引流。"1元全场小龙虾任吃"本身就很有吸引力和话题性，所以很多流量渠道都容易引流。

培养信任：
利用微信朋友圈做活动有一个最大的好处，那就是可以直接引导顾客添加客服微信。个人微信号是建立私域流量池沉淀粉丝、培养顾客信任度的最好工具。只要你借助微信朋友圈，把这次"1元全场小龙虾任吃"活动的整个过程都展示出来的时候，就能让更多的顾客了解到活动的真实性，并且可以刺激顾客过来尝试消费。

快速成交：

像"1元全场小龙虾任吃"这样的活动，基本上不需要再设计什么成交主张了，本身就非常吸引人。因为顾客很容易就支付1元钱。所以很多顾客在朋友圈了解到这个活动，添加了客服的微信，看了朋友圈以后都是立马付款的，而且还非常担心抢不到任吃名额。

引导复购：

"1元全场小龙虾任吃"肯定是不赚钱的，但是能带来很大的流量。其实你去任何宣传渠道打广告也要花不少钱，还不如把钱花在顾客身上，让顾客真正得到实惠。只要店铺有顾客来了，就要引导顾客进行其他消费来降低成本赚取利润，比如酒水套餐、饮料套餐、大闸蟹套餐等等。千万不要等着顾客来消费，而是要提前设计好顾客复购产品。

锁定顾客：

只要店铺的人气上来了，有源源不断的顾客过来消费，我们就要想办法锁定这些顾客，而不是单单让他们复购这么简单，要不然就太浪费流量了。比如：顾客当天消费200元，只要充值1000元办本店会员卡，这 200 元就可以免单，而且以后可以享受 9.5 折优惠。

设计裂变：

要想持续拥有源源不断的流量，那么我们就要懂得设计一些裂变机制，引导顾客帮我们做好评转介绍。比如：顾客过来店铺消费，我们只要告诉顾客，现在只需要拍一张店铺照片，一张你的自拍，一张"1元全场小龙虾任吃"的海报图片，并且配上一段文案发到朋友圈，可以立即赠送啤酒或者饮料一瓶。

顾客好评的朋友圈，能快速建立起我们店铺在本地的口碑。顾客的好友看到了这样的朋友圈，信任度会更高，肯定也会过来体验"1元全场小龙虾任吃"的活动。只要添加了我们客服微信，就等于进入了我们培养信任的机制里面，后端可以不断地进行良性循环。

挖掘终值：

其实我们最大的利润来源于顾客的终身价值。只要我们能不断地提高优质、性价比高的产品给顾客，那么彼此之间的信任度就能不断提升，就可以和顾客建立起牢固的感情基础。

只有真正和顾客建立起感情，顾客才会成为你忠实的粉丝。顾客不但有吃小龙虾的需求，肯定还有其他衣食住行购物的需求。只要你拥有庞大的顾客数据库，完全可以引导顾客去消费其他产品变现。因为我们做生意不能只经营自己的产品，而更应该重点经营人。